TOMO II: # TRATADO DE
ERUVIN

EL TALMUD Y LA SABIDURIA RABINICA A LA LUZ DE LAS ENSEÑANZAS DE YESHUA HAMASHIAJ, JESUS EL CRISTO

LAURO EDUARDO AYALA SERRANO

EDITORIAL AMI

Publicado por:
EDITORIAL AMI, S.A. DE C.V.
Darwin No. 68, piso 15
Colonia Anzures
México DF MEXICO
editorialami@yahoo.com.mx

Diseño de portada:
Nelson Abraham Cerda Perez
Managua, Nicaragua
nacpx@yahoo.com

Segunda Edición: Enero 2018
1,000 ejemplares.

ISBN: 6070047710
ISBN-13: 978-6070047718

CON TODO CARIÑO PARA MI HERMANO,
JOSE ANTONIO RAMOS SERRANO

INTRODUCCIÓN

E stuve en Israel del 2000 al 2003 realizando una Maestría en Religión en la Universidad Hebrea de Jerusalén. Cuando atendía el quinto nivel de Hebreo durante el verano, un joven llegó un poco tarde a la clase, irrumpió sin más ni más en la cátedra de la maestra yemenita, pasó de largo y se sentó junto a la ventana.

La malhumorada maestra le preguntó toscamente la razón por la que había llegado tarde y por qué motivo había faltado al aula el día anterior. El joven esbozó una gran sonrisa y respondió: "porque estuve asistiendo a asignaturas de Talmud." Sus ojos centellearon y su rostro pareció iluminarse cuando el sol se reflejó en sus blancas mejillas y en su cabello rubio.

Era como si con esa respuesta el joven diera por sentado que todos entendían y justificaban su ausencia y su retardo. Para mi sorpresa así fue, porque la ruda maestra lo miró y sin decir nada continuó con su cátedra; y es que los estudiosos del Talmud estaban como rodeados por un halo de misticismo y eran alabados por todos como gente de gran sabiduría.

A veces escuchaba historias recopiladas del Talmud de increíble sabiduría, citadas por alguno de mis profesores o por algún compañero, y las enseñanzas eran tan fascinantes como complejas.

Cuando los catedráticos citaban estas historias, era como si añadieran a sus lecciones una fuente bibliográfica que les daba un sustento académico *per se*, y es que en la Universidad Hebrea, dar una cita del Talmud era lo que en universidades de occidente equivale a citar a Jürgen Habermas, a Clifford Geertz o a cualquier otro académico que coronaría cualquier ensayo universitario.

En los autobuses se veía muy a menudo a los judíos ortodoxos cargando sus pesados libros del Talmud o leyéndolos mientras hacían sus reverencias, pues para los judíos practicantes, la lectura del Talmud es una práctica obligada que comienza desde muy temprana edad.

De modo que cuando regresé a México, había escuchado algunas historias increíbles del Talmud, y quería conocer un poco más acerca del texto.

Años más tarde, recorriendo los pasillos de una librería, encontré por casualidad el libro de Jakob Petuchowsky: "El Gran Libro de la Sabiduría Rabínica" (Petuchowsky, 2003), que contenía algunas historias talmúdicas que le habían llamado la atención.

La lectura del libro bastó para despertar mi curiosidad por leer el texto talmúdico, aunada a la curiosidad que tenía desde que había estudiado en Israel.

Finalmente encontré una página web donde el texto en inglés era de dominio público (Rodkinson, 2011), y comencé con la lectura sistemática del Talmud: empecé a compilar una a una las historias contenidas dentro de cada Tratado.

El trabajo de compilación resultó ser titánico, puesto que de tratados de 400 cuartillas, recopilaba una veintena de páginas. El Talmud está constituido por discusiones rabínicas acerca de las 613 leyes contenidas en la Toráh.

Primeramente traduje los textos del inglés al español, esclarecí la fuente bíblica que estaba reinterpretando la historia talmúdica y comenté cada historia.

El arreglo del texto para crear un manuscrito presentable al lector, han dado como resultado el presente Tomo II. Lo que presento es un texto accesible a cualquier lector; una recopilación sistemática de las historias rabínicas que tienen una gran profundidad para el aprendizaje del judaísmo, y que sienta las bases del cristianismo ayudándonos a comprender el Nuevo Testamento de una manera más holística.

En éste Tomo II expongo el Tratado de Eruvin. Como todas las citas han sido extraídas de este Tratado, me referiré a él como TE, citando a continuación el capítulo y la Mishná de donde fue recopilada la información, de manera que cualquier persona interesada pueda contextualizar lo que se ha extraído acerca del Talmud.

En su traducción más literal, eruvin (עֵרוּבִין) significa misturas, que en términos de la tradición judía se trata de la mezcla de comida que se deja preparada para el Shabbath.

En el Tratado de Eruvin se destaca la necesidad del aprendizaje bíblico, haciendo un gran énfasis en el estudio más profundo de las Escrituras y de la búsqueda consciente de YHVH por medio de la oración, sus beneficios, sus técnicas, y los sacrificios que tanto alumnos como maestros deben hacer para que la palabra del Eterno sea universal en cada ser humano. Pero Eruvin va más allá del mero aprendizaje bíblico, justifica su misma razón de ser como la más pura y profunda inspiración divina.

Las interpretaciones de los rabinos que se compilan en el Talmud vigorizarán nuestros conocimientos acerca de las Sagradas Escrituras.

He forzado algunos textos y los he vinculado con un texto bíblico, aunque el manuscrito talmúdico original no haga ninguna mención. Esto con el propósito de que el lector pueda contextualizar más las historias a las que hace referencia el comentador rabínico.

Se omitirá de ahora en adelante llamar "Dios" a la deidad hebrea. De ahora en adelante se le llamará como está escrito en la Biblia hebrea: YHVH.

A la persona que quiera respetar las tradiciones judías y considere más apropiado no pronunciar el Nombre Sagrado por reverencia o respeto, que simplemente sustituya YHVH por Adonai o Hashem al realizar su lectura. He decidido dejar al lector escoger cómo pronuncia el Nombre, escribiendo en cada caso solamente las consonantes.

Jesucristo en español viene del griego "Iesou Jristou"(Ιησου Χριστου). Se debe ante todo respetar los nombres propios de las personas en el idioma en que fueron escritos, y por eso utilizaré el nombre es hebreo de Yeshúa HaMashíaj (ישוע המשיח).

Como en los textos se utilizan palabras de común al judaísmo rabínico, pero desconocidas muchas de ellas para quien desconoce raíces hebreas, se ha realizado un glosario de términos rabínicos, mismo que se encuentra al final de este manuscrito.

La forma en como presento el texto es sencilla: he dividido las historias recopiladas del Talmud en 3 secciones principales:

Capítulo I: Aquellas que están relacionadas directa o indirectamente con citas bíblicas del Antiguo Testamento, y digo directas, porque muchas veces las mismas historias talmúdicas son interpretaciones de las Escrituras;

Capítulo II: Aquellas que están relacionadas con citas bíblicas del Nuevo Testamento, y es que a veces, de manera indirecta, algunos temas talmúdicos sirven para esclarecer textos neotestamentarios;

Capítulo III: Aquellas que no tienen relación con ninguna de las anteriores, sino que se trata de historias rabínicas que tratan de temas judíos plenamente. Sin embargo, cuando comento estas historias, también las explico a la luz del Nuevo Testamento.

Expreso un profundo agradecimiento, en primer lugar, a mi esposa, Hadasah Ortega Reyes, quien me ha brindado una ayuda excepcional.

Al diseñador gráfico, Nelson Abraham Cerda Perez, que ha realizado con una creatividad sin par las portadas de los últimos libros por medio de internet desde Managua, Nicaragua.

Agradezco a la maestra María de los Ángeles Fernández Pérez, a la ingeniera Magdalena Serrano Deitz, y a la licenciada Eréndira Domínguez Benhumea por ayudarme en la corrección de estilo y darme invaluables ideas para que este texto sea más sencillo en su lectura.

Al pastor Javier Hermoso Barradas por el arduo trabajo de difusión.

Al doctor Melchor Rodríguez Caballero, quien hizo posible la publicación de este material.

A Yeshúa HaMashíaj como siempre sea toda la gloria, el honor y el poder por los siglos de los siglos. Amén.

Lauro Eduardo Ayala Serrano
Julio del 2011

I

INTERPRETACIONES TALMÚDICAS DEL ANTIGUO TESTAMENTO

GÉNESIS

Y de la costilla que el Eterno tomó del hombre, hizo una mujer, y la trajo al hombre.
(Génesis 2:22)

Rabbi Yeremiah ben Elazar dijo: "El primer hombre Adam tenía un rostro doble, tal y como en el Salmo 139:5 dice:

Detrás y delante me rodeaste, y sobre mí pusiste tu mano.

Rabh y Samuel comentaron acerca de esto.

Uno declara que el Eterno simplemente dividió a Adam, que tenía dos cabezas, mientras que el otro sostiene que Adam tenía cola y que el Eterno hizo a la mujer de esa cola.

De este modo, de acuerdo al citado pasaje del Salmo 139 que dice: —detrás y delante— es correcto, pero ¿cómo explicarlo?

Debe ser explicado como rabbi Ami dijo: "Por —detrás— significa que al final de todo fue creado el hombre, mientras que por —delante— debe entenderse más bien como —antes—, y es que el hombre recibió su castigo antes que ninguno."

"La primera parte de esta explicación es correcta porque el hombre fue creado al final en la tarde del Shabbath, pero la segunda parte no es verdadera, porque fue la serpiente maldecida antes que Eva y Eva maldecida antes que Adam."

"En realidad el castigo se refiere al Diluvio, a lo que en Génesis 7:23 está escrito:

Así fue destruido todo ser que vivía sobre la faz de la tierra, desde el hombre hasta la bestia.

"El hombre es mencionado antes que ninguno. Adicionalmente a esto está escrito que el Eterno le trajo a Adam su Eva, es decir, que el Eterno los patrocinaba, de donde aprendemos que un hombre, aunque haya sido el más grande de todos, no debe rehusarse a recibir el patrocinio de uno menor que él."

Rabbi Meir dijo: "Adam, el primer hombre, fue muy piadoso, porque cuando se dio cuenta que por su culpa la raza humana se había vuelto mortal, ayunó separado de su mujer durante ciento treinta años, y se vistió con hojas de higuera durante todo este tiempo.

(TE, Capítulo II, Mishná I)

COMENTARIO

Las ideas de que el hombre estaba unido por la espalda con su mujer se fundamentan en la cosmovisión griega, que para el tiempo en que se escribió el Talmud, había impactado al judaísmo de una manera significativa.

El hecho de presentar estas ideas griegas en voz de los rabinos indica, por una parte, el profundo arraigo que tuvo esta cultura en el pueblo de Israel. Sin embargo, finalmente estas ideas helenas son debatidas y reinterpretadas, de modo que no importa qué tan profunda haya sido la asimilación helena, el judaísmo conserva a sus propios defensores.

En un sentido más práctico, debemos entender que Eva es

parte de Adam, su complemento, su ayuda idónea, su perfecta mitad, y que como tal, debemos llegar a acuerdos en el matrimonio.

Por otra parte se menciona como una lección importante, el precio del pecado y el castigo del Jaját Elokim, de Aquel que se Enfurece. Aunque el hombre arrepentido es perdonado, el pecado siempre nos costará un alto precio que tenemos que pagar en vida.

―⦿ ⦾ ⦿―

Porque a ti he visto justo delante de mí en esta generación. (Génesis 7:1)

Rabbi Yeremiah ben Elazar dijo: "Si un hombre ha de ser elogiado estando él presente, sólo se le debe decir una pequeña parte del elogio, mientras que lo demás cuando esté ausente, como podemos ver en el citado versículo donde el Eterno llama a Noé —justo— frente a él, mientras que en su ausencia lo llama —justo— y —perfecto—, como Génesis 6:9 dice:

Varón justo, era perfecto.
(TE, Capítulo II, Mishná I)

COMENTARIO
Elogiar mucho a una persona puede traer consecuencias adversas a nuestras vidas.

Por una parte podemos mal interpretar el elogio, pensando que la persona que nos habla es adulador y que busca algo más de nosotros. Pero también nos podemos volver engreídos y soberbios.

Por otra parte, estamos acostumbrados a hablar bien de las personas cuando las tenemos en frente, pero a murmurar, hacer chisme y criticarlas cuando les damos la espalda. A este respecto, el Talmud nos enseña lo importante que es hablar bien de las personas en todo momento, cuando están presentes, pero también cuando no lo están, porque así demostramos realmente nuestro aprecio por ellas.

_ೞ ೲ ೩_

Y percibió el Eterno olor grato.
(Génesis 8:21)

Rabbi Hanina dijo: "Un hombre que está enojado con otro, y que mientras bajo la influencia del licor puede ser persuadido a la reconciliación posee una de las cualidades del Creador, como está escrito en el citado versículo que dice: —Y percibió el Eterno olor grato—."

Rabbi Hiya dijo: "Aquel que bebe vino y no se emociona, tiene algunas de las cualidades de los setenta ancianos de los días de Moisés."

La inferencia de rabbi Hiya es en base al término hebreo *Yain* (יין), vino, que de acuerdo al método hebreo de conteo numérico, la *Yud* (י) vale 10 y la *Nun* (נ) vale 50, de modo que sumadas juntas equivalen a 70; pero también el término hebreo *Sod* (סוד), secreto, donde *Samej* (ס) es igual a 60, *Vav* (ו) igual a 6 y *Dalet* (ד) igual a 4, de modo que sumadas juntas también equivalen a 70.

De este modo, cuando el vino entra, los secretos escapan, y el hombre que no se emociona por medio del vino y retiene sus secretos, posee la sabiduría de los setenta sagues.

(TE, Capítulo VI, Mishná I)

COMENTARIO

El Talmud nos exhorta a que cuando en algún momento especial bebamos vino, lo hagamos con moderación, y la medida de la moderación es aquella donde todavía somos capaces de retener nuestros secretos. Una vez traspasado ese límite, podemos considerarlo un exceso.

Por otra parte, a veces también debemos sacar provecho

aún de las circunstancias negativas en nuestras vidas; si la persona ha bebido vino, normalmente está más dispuesta a la reconciliación que si estuviera sobria. Son momentos clave para exhortar a la reconciliación y al perdón.

Tenemos entonces un doble consejo: No excedernos en la manera de beber y si alguien lo ha hecho, ser cuidadosos de lo que hablamos.

ÉXODO

Sacad y tomaos corderos por vuestras familias, y sacrificad la Pascua.
(Exodo 12:21)

Abaye estaba sentado y repitiendo la Halajá decretada por su maestro rabbi Yoséf, cuando rabbi Safra le objetó diciendo: "¿No hemos aprendido en una Mishná que el sacrificio de la Pascua debe cocinarse en horno cuando se oscurece, y que el sacrificio de la Pascua no se dora en el Templo? De modo que vemos que la prohibición rabínica está en desacuerdo aún fuera del Templo."

Abaye guardó silencio.

Después vino con rabbi Yoséf y le dijo la objeción de rabbi Safra.

Le dijo rabbi Yoséf: "¿Por qué no respondiste que en ese caso el sacrificio de Pascua era preparado con más gente, y que esto debe hacerse con mucho cuidado?"

Abaye no respondió a rabbi Safra porque había escuchado solamente que el sacerdote fuera muy cauto, pero nunca había

oído nada acerca de prepararla con más gente.
(TE, Capítulo X, Mishná XV)

COMENTARIO
La discusión sobre la Pascua llama la atención por la humildad que muestra Abaye al guardar silencio respecto a una situación que desconoce. En vez de dar una respuesta cualquiera, pretendiendo que sabía más, humildemente guarda silencio e investiga con profundidad acerca del tema.

Esa es la actitud hacia el aprendizaje: guardar silencio para asimilar cosas nuevas, seamos unos eruditos en la materia o aprendices, callarnos y escuchar nos llevará a una mayor instrucción.

─────

Además escoge tú de entre todo el pueblo varones de virtud, temerosos del Eterno, varones de verdad, que aborrezcan la avaricia, y ponlos sobre el pueblo por jefes de millares, de centenas, de cincuenta y de diez.
(Exodo 18:21)

Los rabinos enseñaron: "¿Cómo era el método de enseñanza de la Toráh en tiempos de Moisés?"

"Moisés aprendía la Toráh de YHVH. Después Aarón entraba y Moisés le enseñaba un capítulo. Cuando Aarón había terminado se sentaba a la izquierda de Moisés y sus hijos entraban, y Moisés enseñaba nuevamente el mismo capítulo. Cuando terminaban, Elazar se sentaba a la derecha de Moisés e Ithamar a la izquierda de Aarón."Aunque rabbi Yehuda decía que Aarón siempre se sentaba a la derecha de Moisés cuando sus hijos habían terminado.

"Después de los hijos de Aarón, entraban los ancianos de Israel y Moisés repetía el mismo capítulo a ellos. Cuando los ancianos habían terminado, el resto de los israelitas que deseaban aprender entraba y se les enseñaba el mismo capítulo."

"De este modo vemos que Aarón escuchaba la misma historia cuatro veces, sus hijos tres veces, los ancianos dos veces y el resto del pueblo una sola vez."

"Después de la última lectura Moisés partía y Aarón repetía nuevamente el capítulo a los demás; luego partía y sus hijos enseñaban el capítulo; y luego de ellos los ancianos también, de modo que todos escuchaban cuando menos cuatro veces."

De esto rabbi Eliezer deduce que cada maestro debe recitar sus enseñanzas a sus discípulos cuatro veces, sosteniendo que como Aarón aprendió de Moisés, quien a su vez aprendió de YHVH.

"Si Moisés tuvo que aprender lo mismo cuatro veces, cuanto más un hombre ordinario debe aprender de otro."

¿Y por qué no aprendían todos directamente de Moisés? Para que se honrara a Aarón, a sus hijos y a los ancianos.

Si esto era así, ¿por qué no aprendía Aarón de Moisés, y los hijos de Aarón aprendían de su padre, y los ancianos aprendían de los hijos de Aarón, y después la gente aprendía de los ancianos?

Porque Moisés había aprendido del Altísimo, y todos lo querían escuchar de él.

(TE, Capítulo V, Mishná I)

COMENTARIO

Cualquiera que haya sido el método de memorización, debió de tratarse de algo muy riguroso, porque ciertamente, hasta tiempos de Yeshúa HaMashíaj, había gente especializada en memorizar los evangelios completos y recitarlos, hasta que finalmente se cristalizaron, y es que el proceso de memorización sobrevive varios siglos antes de que cualquier manuscrito bíblico se escriba, sea del Antiguo o del Nuevo Testamento.

Lo que es cierto, es que para que el hombre realmente adquiera un conocimiento, este tiene que repetirse cuando menos trece veces. De modo que no nos cansemos cuando nuestros ministros vuelven a repetir la misma historia: lo que buscan en la tautología es que queden bien grabadas sus enseñanzas en nuestros corazones.

꙳ ꙳ ꙳

Y dio a Moisés, cuando acabó de hablar con él en el monte de Sinaí, dos tablas del testimonio, tablas de piedra escritas con el dedo del Eterno.
(Exodo 31:18)

Rabbi Elazar dijo: "—Tablas— en este verso están expresadas en hebreo por el término *Lujót* (לוחת); mientras que *Lejí* (לוחי) significa mejilla."

"Esto hace referencia a un hombre que endurece sus mejillas hasta que se hacen como piedra, y cuando le pisan la cara, no se desfigura, significando que cuando una persona estudia constantemente, de la misma manera que la piedra no se deteriora por el tiempo, el constante estudio no hiere al hombre, sino que tal persona retiene el conocimiento, de otra manera lo olvidaría."

(TE, Capítulo V, Mishná I)

COMENTARIO

A veces pensamos que el estudio bíblico es tan espiritual que no necesitamos una enseñanza formal para entender las Escrituras, sino que basta con la revelación divina para comprender sus profundidades.

Quien piensa de este modo devalúa a los estudiosos de la religión, que con tanto esfuerzo escudriñan las Escrituras hasta obtener el título de licenciatura, maestría o doctorado. También devalúa las cosas de Uziel, de Aquel que es nuestra Fuerza, teniendo a menos las investigaciones sobre religión y exaltando los aprendizajes seculares.

꙳ ꙳ ꙳

Y las tablas eran obra del Eterno, y la escritura era escritura del Eterno grabada sobre las tablas.
(Exodo 32:16)

Rabbi Elazar dijo: "—Grabada sobre las tablas—, lo que significa que si las tablas no se hubieran roto la primera vez, la Toráh nunca se le habría olvidado a Israel, porque algo que está grabado no puede ser luego eliminado."

Rabbi Aha bar Jacob añade: "Ninguna nación sobre la tierra los habría tenido en su poder, porque no debemos leer *Jarut* (חרות), —grabada—, sino *Jirut* (חירות), —libertad—."

(TE, Capítulo V, Mishná I)

COMENTARIO
2 de Corintios 3:3 nos dice que Yeshúa HaMashíaj ha escrito la nueva ley en las tablas de carne de nuestro corazón, lo que significa que su Rúaj Jójma, que su Espíritu de Sabiduría nos tiene contemplados como algo tan amado que no permitirá que nos apartemos del camino, ni a la derecha ni a la izquierda.

Intentemos ser mejores personas, sabiendo que el Nuevo Pacto por medio de la sangre del Mashíaj está escrito en nuestro corazón y no en tablas de piedra.

—∂ ∞ ∂—

NÚMEROS

Y ellos, con todo lo que tenían, descendieron vivos al Seol, y los cubrió la tierra, y perecieron de en medio de la congregación.
(Números 16:33)

Rabbi Yeremiah ben Elazar dijo: "El Infierno tiene tres puertas: una en el desierto, una en el océano y una en Jerusalén. En el desierto por lo que está escrito en el citado verso de Números: —Descendieron vivos al Seol—."

"En el océano, porque en Jonás 2:3 está escrito:

Desde el seno del Seol clamé, y mi voz oíste.

"Y en Jerusalén porque en Isaías 31:9 dice:

Cuyo fuego está en Sion, y su horno en Jerusalén.

Los discípulos de rabbi Ishmael enseñaron que por —fuego en Sion— se entiende la Gehena y por —horno en Jerusalén— se entienden las puerta del Infierno.

Rabbi Yehoshúa ben Levi dijo que el Infierno tiene siete

nombres: "Seol, Abadón, Baar Shajath, Bor Sheón, Tit Jayavón, Tzalmaveth y Eretz Jatajtit."

"¿Dónde está entonces la puerta del Paraíso?"

Dijo Resh Lakish: "Si la puerta del Paraíso está en la tierra de Israel, debe estar en la ciudad de Beth Sheón, y si está en Arabia, debe estar en la ciudad de Bet Guerem, y si está entre ríos, debe estar en Damaskanun."

En Babilonia, Abaye alababa el fruto que crecía del otro lado del Eúfrates, mientras que Rabha alababa el fruto de la ciudad de Harfania, de tal suerte que la puerta al Paraíso estaría situada en uno de estos dos lugares.

(TE, Capítulo II, Mishná I)

COMENTARIO

El Talmud comienza con una discusión que ha atraído la atención de teólogos durante muchos años: ¿dónde se encuentra el Infierno? Hay quien incluso afirma que está en el núcleo de la tierra.

El Talmud comparte la opinión acerca de tres lugares donde se manifiesta la ira de Keésh Ojélet, de Aquel que es Fuego Consumidor.

Sin embargo, el Infierno es sólo un nombre que se le da al sitio de perdición al que son enviados todos aquellos que no creen en la salvación del Señor y de su hijo Yeshúa HaMashíaj. El nombre que recibe es más bien descriptivo de lo que sucede en él, como por ejemplo *Abadón*, que significa Perdición, o *Eretz Jatajtit*, que significa Tierra de Destrucción.

Por otra parte, si existen puertas al Infierno, deben existir puertas también al Paraíso. En el año 2000, cuando estuve realizando mi maestría en la Universidad Hebrea de Jerusalén, nos llevaron a una puerta del Edén, en Jerusalén, muy cerca de la Nueva Estación de Autobuses.

Allí me explicaron que había otra puerta de entrada al Paraíso en la tumba de Macpela en Hebrón. Ingenuamente o maliciosamente dije que no la veía, a lo que me respondió el rabino Yaakob que para ver la puerta al Paraíso necesitaba un alto nivel de santidad y de comunión con los cielos.

Los talmudistas concluyen que podemos hacer de nuestro lugar de residencia un Paraíso, mientras disfrutemos de nuestra existencia, y en la medida en que busquemos el Camino de la Santidad e intentemos llevar una vida con una moral bíblica, entonces las puertas del Paraíso estarán siempre abiertas a nosotros en la tierra.

_⸰ ⸰⸰ ⸰_

Del desierto vinieron a Matana.
(Números 21:18)

Rabbi Mathna dijo: "El citado versículo quiere decir que si el hombre se vuelve así mismo como si estuviera en un desierto, por donde todo el mundo pisa, y no le importa, el conocimiento que gana queda en él como un presente, porque —Mat*aná*— (מתנה) en hebreo significa *regalo*."

(TE, Capítulo V, Mishná I)

COMENTARIO

La humildad, base de la fe que obra, debe demostrarse cuando somos oprimidos por defender nuestras creencias.

Cuando nos encontramos en ese tipo de situaciones es como si estuviéramos anímicamente en un desierto.

El desierto, no obstante, tiene una gran enseñanzas para nosotros, porque es cuando aprendemos de HeAnán, de Aquel que es como una Nube, de su Hijo Yeshúa HaMashíaj y de nuestra verdadera fe en el Camino de la Salvación, porque el conocimiento que adquirimos no se queda en nuestra mente sino en lo hondo de nuestros corazones.

_⸰ ⸰⸰ ⸰_

DEUTERONOMIO

Maldito el que se ayuntare con cualquier bestia.
(Deuteronomio 27:21)

Rabbi Yehuda dijo en nombre de Rabh: "Quienes viven en pabellones y quienes viajan en el desierto, no disfrutan de la vida y sus hijos no son propios."

Y es que hemos aprendido en la misma *Boraitha* que Eliezer el hombre de Biria dijo: "Quienes viven en pabellones son similares a quienes ya están sepultados, y respecto de sus hijas se dice lo que en el citado versículo: —Maldito el que se ayuntare con bestia—."

"¿Por qué es esto así?"

Dice Ula: "Porque no tienen Míqve, que es el baño ritual, y cuando los hombres tienen que viajar grandes distancias para encontrar el Míqve, no hay quien se quede en casa a cuidar a las mujeres."

Rabbi Yohanan dijo: "Porque cuando la mujer va a tomar el baño ritual, tiene miedo de ir sola una gran distancia; y va en compañía de otras mujeres y son seguidas por hombres malos que las llevan fuera del camino."

¿Cuál es el punto de diferencia entre Ula y rabbi Yohanan? Si hay un lago cerca, lo que dice rabbi Yohanan no tiene fundamentos, pero de acuerdo a Ula aun así, la mujer que se queda sola, es guiada al pecado.

(TE, Capítulo V, Mishná I)

COMENTARIO

A veces nos quejamos de las sociedades modernas y del precio en impuestos que hay que pagar por los servicios y las comodidades, pero algo tan sencillo como tener agua potable al alcance de una llave a la que le damos vuelta, es una bendición por la que pocas veces agradecemos.

A veces también nos quejamos amargamente de nuestros gobernantes y de nuestros gobiernos, sin darnos cuenta de que el Estado nos brinda seguridad para que nos traslademos de un lugar a otro sin correr riesgos, además de que tenemos libertad de culto, y las prácticas religiosas las tenemos al alcance de nuestra mano para que podamos llevar nuestra fe de la manera más cómoda.

En Israel, por ejemplo, es el único lugar donde una persona puede realizar el Shabbath como debe ser, porque la semana comienza con el domingo y termina con el jueves, de modo que el viernes (equivalente al sábado occidental), todos se preparan para recibir el Shabbath. Incluso las aerolíneas planean sus vuelos de modo que no interfieran con el día de reposo.

En occidente no es posible llevar a cabo el culto a Shelumiel, a Aquel que es nuestro Amigo con tanta facilidad, aunque la mayoría de las congregaciones adaptan los días. De cualquier manera, debemos estar agradecidos con los cielos por todas las comodidades que nos permiten realizar nuestros cultos ordinarios.

Porque muy cerca de ti está la palabra, en tu boca y en tu corazón, para que la cumplas; ponlo en boca de ellos.
(Deuteronomio 30:14)

Rabbi Yitzják dijo: "Acerca del citado verso, ¿cuándo está la palabra —cerca de ti? —"

"Si está —en tu boca y en tu corazón— quiere decir que la estás haciendo."

(TE, Capítulo V, Mishná I)

COMENTARIO

Es conocido el refrán popular que dice que un hecho vale más que mil palabras. Lo podemos aplicar para esta historia, donde no interesa realmente cuántos versículos hayamos memorizado, sino el cumplir con lo que las Sagradas Escrituras nos mandan.

Seamos hombres de acción y no de palabras, que nuestras buenas acciones y nuestras obras de caridad, de piedad y de misericordia hablen por nosotros.

_____

Ahora pues, escribíos este cántico, y enséñalo a los hijos de Israel.
(Deuteronomio 31:19)

Rabbi Aquiba dijo: "¿De dónde aducimos que un maestro debe enseñar a su discípulo hasta que éste conozca la lección completa? De la primera parte del citado versículo de Deuteronomio que dice: —Ahora pues, escribíos este cántico—."

"¿Y de dónde inferimos que un discípulo debe ser enseñado hasta que pueda impartir clases a otros? De lo que está escrito al final del citado versículo: —Y enséñalo a los hijos de Israel—."

"¿Y cómo sabemos que si existen las razones para que enseñe, esto debe ser así? De Exodo 21:1 que dice:

Estas son las leyes que les propondrás.

"Donde —propondrás— debe entenderse como la necesidad de ser explicadas cabalmente."
(TE, Capítulo V, Mishná I)

COMENTARIO

El Talmud nos enseña que cuando aprendemos algo, lo debemos aprender bien, y no sólo eso, sino que debemos enseñarlo a los demás una vez que estemos convencidos de que el aprendizaje ha sido satisfactorio.

Enseñar a los demás lo que hemos aprendido es tanto como dar de gracia lo que también de gracia hemos recibido, tal y como Yeshúa HaMashíaj lo dice en Mateo 10:8.

JUECES

Vosotros los que cabalgáis en asnas blancas, los que presidís en juicio, y vosotros los que viajáis por los caminos, hablad.
(Jueces 5:10)

Los discípulos de rabbi Anan enseñaron: "Acerca de lo que está escrito en el citado versículo: —que cabalgáis en asnas blancas— se refiere a los estudiosos del Talmud, que van de una ciudad a otra y de un país a otro a enseñar la Toráh y que la hacen clara como la luz del día."

"—Los que presidís en juicio— se refiere a aquellos que dan un veredicto justo, pero que realmente es justo."

"—Los que viajáis— son a aquellos que estudian Biblia."

"—Por los caminos— se refiere a los estudiantes de Mishná."

"—Hablad— se refiere a los estudiantes del Talmud, que utilizan cada palabra haciendo referencia a la Toráh."

(TE, Capítulo V, Mishná I)

COMENTARIO

Para los rabinos, el estudio de la Toráh, de la Mishná y del Talmud es tan importante para el crecimiento espiritual, que solamente mediante la combinación de estos libros, se puede tener un verdadero discernimiento de la justicia divina.

El rabino Pablo en Hebreos 5:14 dice que aquellos que disciernen el bien del mal están listos para el alimento sólido, para lo cual creemos que las enseñanzas del Talmud ciertamente nutren nuestra espiritualidad al conocer con una mayor profundidad la matriz judía.

SAMUEL

Y mañana estaréis conmigo.
(1 Samuel 28:19)

Dijo rabbi Yohanan: "¿Cómo sé que el Eterno perdonó a Saúl el pecado de masacrar la ciudad de Nev?"

Porque el espíritu de Samuel le dijo lo que está citado en el versículo: —Mañana estaréis conmigo—.

"¿Pero qué significa: —conmigo? —"

Esto indica que Saúl iba a ir al mismo lugar donde estaba Samuel, y como Samuel era un hombre recto, ciertamente estaba en el Paraíso, de modo que Saúl debió de ser perdonado para compartir con Samuel su domicilio celestial.

(TE, Capítulo V, Mishná I)

COMENTARIO

Como hemos dicho en el Tomo I de esta serie de comentarios, el caso de la adivina de Endor ha atraído la atención de muchos exégetas que quieren explicar esta aparición como una suplantación diabólica de Samuel (Ayala, 2011: 43).

Sin embargo, los rabinos nos enseñan algo diametralmente distinto: que a pesar de los errores garrafales de Saúl, éste siguió hallando gracia delante de los ojos de El Rajúm Vejanún, de Aquel que es Misericordioso y Piadoso.

1 Corintios 3:15 dice que se quemará la obra de la persona que ha edificado mal, siendo la persona salva por medio del fuego, lo cual nos habla de la gran misericordia de Yeshúa HaMashíaj para con nosotros, que a pesar de nuestros grandes errores, nos sigue otorgando el perdón y la salvación siempre y cuando continuemos confesando su nombre.

Busquemos hacer obras que resistan el fuego para que recibamos una corona incorruptible en los cielos.

_⚬ ∽ ⚬_

Ira jaireo fue también sacerdote de David.
(2 Samuel 20:26)

Rabbi Abba bar Zabhda dijo: "Quien envía sus regalos a un sacerdote en particular, excluyendo a todos los demás, trae peste sobre la tierra, como está escrito en el citado verso: —Ira jaireo fue también sacerdote de David—."

"¿Por qué Ira era sacerdote de David?"

"¿No era sacerdote de todo el resto de Israel?"

"Se infiere que David le presentó todos sus regalos, y que después de esto sucedió lo que en 2 Samuel 21:1 está escrito:

Hubo hambre en los días de David por tres años consecutivos.

Rabbi Hamuna dice que lo que está escrito en el Salmo 40:9 fue dicho por David mientras Ira jaireo, que era su maestro, todavía vivía:

He anunciado justicia en grande congregación.

Mientras que el verso del Salmo 40:10, fue dicho por David cuando Ira estaba muerto:

No oculté tu misericordia y tu verdad en grande asamblea.
(TE, Capítulo VI, Mishná I)

COMENTARIO

El Talmud nos está hablando de regalos, no de diezmos. Los diezmos son un pacto de fidelidad que se da a la cabeza de la congregación como un mandato bíblico que trae bendición sobre la persona que se ha comprometido.

Los regalos, por otra parte, realzan la preferencia hacia una persona en particular. En el caso del sacerdocio, este se recibe por instrucción divina, no por una decisión personal. Lo que hacía David al darle presentes solamente a un sacerdote, era confiar en el hombre y no en Reuel, en Aquel que es nuestro Amigo. Con esta actitud afrentaba a los demás sacerdotes.

Por otra parte, David *"daba las buenas nuevas"* de justicia, como diría una traducción más literal del Salmo 40:9, mientras que el siguiente versículo está enfocado más hacia la esperanza en la resurrección, porque apela a la misericordia divina.

De manera que podemos concluir que una vez que hemos anunciado la justicia divina a los demás, es decir, una vez que los hemos convencido de que Yeshúa HaMashíaj es el hijo unigénito del Eterno, que dio su vida y derramó su sangre para el perdón de nuestros pecados, podemos estar confiados de que resucitaremos para vida eterna.

⟨◦ ✍◦ ◦⟩

Ordenado en todas las cosas, y será guardado.
(2 Samuel 23:5)

Brurih, la esposa de rabbi Meir encontró una vez a un

estudioso del Talmud que aprendía en silencio para él mismo. Ella lo reprendió diciendo el citado versículo de Samuel. Le dijo: "—Ordenado en todas las cosas— significa que la ley está firmemente infiltrada en los doscientos cuarenta y ocho miembros del cuerpo que quedan con el hombre luego de su muerte, de otra forma la ley no puede permanecer."

Hemos aprendido que ese estudioso que se instruía silenciosamente era discípulo de rabbi Eliezer, que en el curso de tres años olvidó todo lo que había aprendido.

Rabbi Yoséf el Galileo viajaba en el camino cuando se encontró con Brurih y le preguntó: "¿Qué camino debemos tomar para la ciudad de Lud?"

Ella le respondió: "Tonto galileo, ¿no nos han dicho nuestros sagues que no debes conversar mucho con una mujer? Debiste preguntar: —¿Qué camino a Lud?—."

(TE, Capítulo V, Mishná I)

COMENTARIO

En la primera historia, entendemos que cuando estudiamos las Sagradas Escrituras, no debemos hacerlo de una manera académica, ni histórica, ni antropológica, por decir algo, sino que debemos estudiarlas aprendiendo a vivir como nos lo manda la Biblia, de otra manera, aprenderemos palabras vacías y pronto nos apartaremos del Camino de la Resurrección.

La segunda historia debemos contextualizarla para poderla entender, ya que los rabinos no pueden hablar con mujeres extrañas para evitar malos entendidos o impurezas rituales. Tenemos un ejemplo mencionado en Juan 4:27, cuando Yeshúa HaMashíaj se encuentra platicando con una samaritana y sus discípulos se sorprenden de que esté hablando con una mujer.

De cualquier manera, esta mujer Brurih demuestra un apego y un respeto mucho mayor hacia las ordenanzas de la ley que los mismos rabinos que debían ser ejemplo a seguir. Esto nos enseña que no importa si nuestros líderes, guías o ministros fallan en guardar las ordenanzas, nosotros tenemos la obligación de hacerlo.

REYES

Y compuso tres mil proverbios, y sus cantares fueron mil cinco.
(1 Reyes 4:32)

Dijo rabbi Hamnuna: "De lo que está escrito en el citado verso se infiere que Salomón dijo tres mil proverbios por cada uno de los mandamientos bíblicos y dio mil cinco razones para cada uno de los mandamientos rabínicos."
(TE, Capítulo II, Mishná I)

COMENTARIO
El Talmud hace un esfuerzo por justificar la sabiduría rabínica como un medio de revelación divina.

Al justificar al Talmud, de algún modo también se justifican los dichos de Yeshúa HaMashíaj y las reflexiones de los rabinos del Nuevo Testamento, como las del rabino Pablo.

Estas reinterpretaciones al Antiguo Testamento conformaron una vertiente específica del judaísmo.

_ॐ ⌘ ॐ_

ESDRAS

Los reuní junto al río que viene a Ahava, y acampamos allí tres días; y habiendo buscado entre el pueblo.
(Esdras 8:15)

Rabbi Eliezer dijo: "Alguien que viaja en el camino debe, cuando ha regresado, dejar de hacer sus oraciones por tres días, como está escrito en el citado versículo: —Y acampamos allí tres días—, porque debemos entenderlo como que uno delibera por tres días y después ora."

El padre de Samuel cuando estaba en el camino no oraba por tres días. Samuel mismo no oraba en ningún cuarto donde hubiera cerveza, diciendo que el olor de la cerveza lo confundía. Rabbi Papa no oraba en una casa que olía a *harsena*, el platillo hecho de pescado y vinagre, diciendo que el olor lo perturbaba.

Rabbi Hiya bar Ashi dijo en el nombre de Rabh: "Aquel cuya mente no está totalmente clara no debe orar, como en alguna parte se dice: —No debe juzgar en su aflicción—."

Era la costumbre de rabbi Hanina omitir sus oraciones en los días en que estaba de mal humor, y Mar Uqba no ocupaba su lugar entre los jueces en los días que el viento del Sur no soplaba, diciendo que hacía demasiado calor como para juzgar con claridad de mente.

Rabbi Nahman bar Yitzják dijo: "Cuando la *Halajá* la decide un hombre, su cabeza debe estar tan clara como lo es un día cuando el viento del Norte sopla y se lleva todas las nubes negras, dejando un día claro y un clima perfecto."

Abaye dijo: "Cuando mi madre me pedía que le preparara un poco de *kutaj*, eso me confundía, y no podía estudiar durante todo el día."

Rabha dijo: "Si un mosquito me llega a picar, no puedo aprender más."

La madre de Mar, el hijo de Rabhina, le hizo a su hijo siete trajes, uno para cada día de la semana, para que estudiara cómodamente cada día.

Rabbi Yehuda dijo: "La noche fue hecha para dormir."

Rabbi Simeon ben Lakish, dijo al respecto: "La luna fue hecha solamente para facilitarnos el estudio por las noches."

A rabbi Zera le dijeron que todas sus conclusiones eran muy sagaces, y él respondió que todas las había estudiado durante el día.

La hija de rabbi Hisda dijo a su padre: "¿Por qué el Maestro no duerme por un rato?" Él le respondió: "Los días largos vendrán, cuando el estudio será imposible." Refiriéndose a la muerte.

Rabbi Nahman bar Yitzják dijo: "Todos somos trabajadores del día."

Rabbi Aha bar Jacob tomaba prestadas horas del día y las reponía en la noche.

(TE, Capítulo VI, Mishná I)

COMENTARIO

No debemos confundirnos y tomar como pretexto estos comentarios para no orar y para no leer nuestras biblias, excusándonos porque nos sentimos mal, o estamos cansados, o no tenemos el humor.

Lo que el Talmud quiere realmente resaltar es la importancia radial tanto del estudio bíblico como de la oración, a los cuales debemos dedicar un tiempo totalmente especial, ya que hay muchas personas que oran en el automóvil, en el metro o haciendo sus actividades cotidianas, como cuando cocinan o hacen el aseo.

Sin embargo, el hecho de que esta discusión sea punto de opinión de muchos rabinos, y que se equipare la oración y el estudio bíblicos al justo juicio, nos indica que debemos considerar seriamente darle a Eleazar, a Aquel que nos ha Ayudado, el mejor tiempo de nuestro día para realizar estas acciones.

JOB

Y ninguno dice: ¿Dónde está el Eterno mi Hacedor, que da cánticos en la noche?
(Job 35:10)

Rabbi Yeremiah ben Elazar dijo: "Una casa, donde las palabras de la Toráh son escuchadas de noche, nunca más debe ser destruida, como dice el citado versículo: —¿Dónde está el Eterno mi Hacedor, que da cánticos en la noche?—, el cual debe ser explicado así: Si un hombre ha cantado alabanzas de gozo aún en la noche, no está compelido a preguntar: —¿Dónde está el Eterno mi Hacedor? —."
(TE, Capítulo II, Mishná I)

COMENTARIO

Cuando el individuo está en contacto con Betzalel, con la Sombra del Señor, sea mediante la oración, la lectura bíblica o la alabanza, y por medio de estas prácticas ha podido sentir su compañía, puede estar seguro de que sus bienes, al igual que su alma, están seguros.

La presencia del Eterno se queda en los lugares donde le

adoramos, donde le alabamos, donde buscamos más de él, por eso cuando lo inquirimos en los lugares de oración, lo encontramos con mayor facilidad.

SALMOS

Le has concedido el deseo de su corazón, y no le negaste la petición de sus labios.
(Salmo 21:2)

Rabha dijo: "Acerca del citado versículo, ¿cuándo se le da al hombre —el deseo de su corazón? —"

"Si —la petición de sus labios— estaba de acuerdo con la Toráh."

Sin embargo, Rabha infiere una contradicción, porque primero dice: —Le has concedido el deseo de su corazón— e inmediatamente después: —y no le negaste la petición de sus labios—.

"Si ya se le dio el deseo de su corazón, ¿qué necesidad hay de que le conceda la petición de sus labios?"

Explica la contradicción de esta manera: "Si el hombre es meritorio, el deseo de su corazón está garantizado sin que lo pida, pero si no es meritorio, entonces tiene que pedirlo."

Rabha dijo: "Si un discípulo decide un punto de la Toráh en la presencia de su maestro, es considerado como una ofensa capital, pero si lo hace en la ausencia de su maestro, pero mientras su maestro está en la misma ciudad, no es una ofensa capital, aunque sigue siendo prohibido."

Zera dijo en el nombre de rabbi Hanina: "No es una ofensa capital, pero de cualquier manera es llamado pecador, como está escrito en el citado versículo, que debemos interpretar como el individuo que peca porque no atesoró su conocimiento, sino que lo emitió en la presencia de su maestro."

Rabha dijo: "Aunque un discípulo no tiene derecho de decidir sobre asuntos de la Toráh, si ve a una persona cometiendo un acto prohibido, puede corregir a la tal persona aún en presencia de su maestro."

Rabbi Elazar dijo: "Un discípulo que decide un punto de la Toráh en lugar de su maestro, si ha sido encomendado para un puesto importante, será eventualmente depuesto, como en Números 31:24 se dice que el sacerdote Eleazar dio algunas ordenanzas, y que a pesar de que estaba citando a Moisés, aun así fue depuesto de su oficio por esto mismo, porque a pesar de que a Josué le fue ordenado consultar al sacerdote Eleazar en Números 27:21, no encontramos en ninguna parte donde Josué haya solicitado los servicios de Eleazar."

Rabbi Levi dijo: "Aquel que decide un punto de la Toráh en la presencia de su maestro, morirá sin hijos, porque está escrito en Números 11:28 que Josué el hijo de Nun, dijo:

Señor mío Moisés, impídelos.

"Y en 1 Crónicas 7:27 se estatifica simplemente:

Nun su hijo, Josué su hijo.

"De donde vemos que Josué no tuvo hijos."
(TE, Capítulo VI, Mishná I)

COMENTARIO
Muchas personas piensan que saben más que sus

maestros, y aunque así lo fuera, lo que hay en sus corazones no es sabiduría sino soberbia. Respetar al maestro es el acto más profundo de humildad, totalmente necesario para que el aprendizaje vaya unido al reconocimiento de nuestra ignorancia.

A veces queremos imponer nuestras ideas, sin darnos cuenta de que el acto de escuchar la sabiduría de los otros es una acción enriquecedora para nuestro espíritu.

También debemos entender que sea discípulo o maestro, el pecado necesita apuntarse para que el individuo que comete el ilícito recapacite y se aparte de sus malos caminos.

Los talmudistas son especialmente estrictos en el establecimiento de leyes, ya que estas deben provenir de la más profunda inspiración divina, y no de nuestros arrebatos ni de nuestros pensamientos mundanos.

Espera Silenciosamente tu alabanza en Sion, oh Señor.
(Salmo 65:1)

Rabbi Yeremiah ben Elazar dijo: "Miren cómo la costumbre del Santo Uno, bendito sea Él, difiere de la costumbre del hombre mortal: Cuando un hombre está a punto de ser ejecutado, una mordaza es puesta en su boca de modo que no pueda maldecir al rey, pero si un hombre transgrede en contra del Eterno, el hombre es silenciado, como está escrito en el citado Salmo 65: —Espera silenciosamente tu alabanza en Sion, oh Señor—."

"Así, el hombre que transgrede en contra del Eterno espera silenciosamente, pero también le alaba, y el castigo dado al transgresor es considerado como un sacrificio hacia el Eterno, porque el Salmo continúa diciendo:

Y a ti se pagarán los votos.
(TE, Capítulo II, Mishná I)

COMENTARIO

El Talmud hace una traducción más literal del término hebreo *Dumiyá* (דּוּמִיָּה), que significa esperar pacientemente o silenciosamente. El Salmo 122:5 nos dice que las sillas o tronos de juicio se encuentran en Sión, de ahí que el talmudista asocie el juicio de Adbeel, de Aquel que Castiga.

De este modo se nos expone que cuando nos presentemos delante del Trono de Gloria para ser juzgados por el Eterno, no habrá necesidad de amordazarnos la boca, sino que simplemente seremos silenciados, aceptando con gozo y alabanzas el castigo por nuestros pecados.

Lucas 12:47 dice que el siervo que no hizo la voluntad de su señor, recibirá muchos azotes, por lo cual entendemos que una persona que es salva por medio de la fe en Yeshúa HaMashíaj, si bien entrará al cielo, recibirá azotes por su desobediencia en la tierra.

El Talmud va más allá todavía, al mostrar que el siervo azotado elogia aun cuando recibe su castigo. Esta alabanza nos permite reconocer al Señor en cada aspecto de nuestras vidas y darle gloria y honra no sólo por las bendiciones recibidas, sino también por el castigo debido a nuestro desvarío.

―∽ ∞ ∽―

Estará para siempre delante de YHVH; Prepara misericordia y verdad para que lo conserven.
(Salmo 61:7)

Bunayis ben Bunayis era un hombre muy rico, y prestaba sus casas para que las usaran otros como habitaciones, pero se reservaba el derecho de guardar sus utensilios en dichas casas.

Una vez vino delante de Rabbi, quien le dijo: "Te daré un cuarto como para un hombre que tiene cien minas de oro."

Luego otro hombre vino, y pensando que él era más rico,

Rabbi dijo: "Te daré un cuarto como para un hombre que tiene doscientas minas de oro."

Dijo rabbi Ishmael el hijo de rabbi Yoséf a Rabbi: "Rabbi, el padre del primer hombre, Bunayis, tiene mil barcos en el mar y mil ciudades en la tierra."

Le respondió Rabbi: "Cuando veas a su padre, dile que no envíe a su hijo vestido tan pobremente, porque Rabbi quiere honrar a los hombres ricos."

Rabi Aquiba también honraba a los hombres ricos, como Rabha bar Mari predicaba: "Acerca del citado verso: —Estará para siempre delante de Adonai, prepara misericordia y verdad para que lo conserven—, debemos preguntarnos: ¿Cuándo podrá estar para siempre delante de YHVH?"

"Si los hombres ricos preparan —misericordia y verdad— de modo que no tenga necesidad."

(TE, Capítulo VIII, Mishná IV)

COMENTARIO

Lo primero que nos viene a la mente cuando leemos esta historia del Talmud, son las palabras de Santiago 2:2, cuando dice que no le demos un lugar preferencial a aquel que entra con anillo de oro en nuestras congregaciones, ni sentemos al pobre en un lugar de deshonra.

Sin embargo, debemos entender esto respecto al uso que se hace de los términos en las Sagradas Escrituras, y es que la mayoría de las veces que la Biblia habla de misericordia, hace referencia al dinero, de modo que una persona misericordiosa es aquella que apoya económicamente.

En la historia de Lucas 7:1-10, de acuerdo a los discípulos de Yeshúa HaMashíaj, el centurión es digno de recibir su milagro porque les ha levantado una sinagoga, es decir, ha sido un hombre misericordioso.

De modo que el Talmud nos enseña a ser misericordiosos y dadores alegres, sobre todo cuando se trata de apoyar alguna obra o algún ministerio.

Demos nuestros diezmos y nuestras ofrendas con regocijo y con corazón alegre.

—⟨ ⟩⟩ ⟩—

Los que son de tu grey han morado en ella; Por tu bondad, oh Señor, has provisto al pobre.
(Salmo 68:10)

Dijo rabbi Huna: "—De tu grey— está expresado en hebreo por el término *Jayoteja* (זזיתך), y *Jayá* (זזיה) signfica *Animal Salvaje*, de modo que un estudioso del Talmud es por su manera de aprender como un animal salvaje que devora su presa inmediatamente después de matar."

"Esto quiere decir que tan pronto como aprende algo, lo repite una y otra vez hasta que lo asimila perfectamente, y solo así retiene su conocimiento, que de otra manera olvidaría."

"Si él hace esto, entonces, el Santo Uno, bendito sea su Nombre, le prepara una comida, como vemos que dice al final del citado pasaje: —Has provisto al pobre—."

(TE, Capítulo V, Mishná I)

COMENTARIO

El Talmud hace una comparación del hambre irracional de los animales, que debía ser similar al hambre por aprender la palabra del Roé Ében Yisrael, del la Roca que es el Pastor de Israel.

En Mateo 4:4, Yeshúa HaMashíaj dijo que el hombre no solamente vive de pan sino de toda palabra que sale de la boca del Señor. La lectura sistemática y constante de las Sagradas Escrituras alimenta nuestro espíritu, para que estemos fortalecidos en el Señor. Como resultado de alimentar a nuestro ser interno, el Señor nos provee para la carne.

En este sentido, cuando nosotros nos encargamos de estudiar concienzudamente las Sagradas Escrituras, debemos esperar una provisión divina.

El éxito en la vida consiste entonces, como Lucas 12:31 insiste, en buscar primero el Reino de los Cielos, para que todo lo demás se nos añada.

꒰ ꒱ ꒰

Atravesando el valle de lágrimas lo cambian en fuente, *también cubren de bendiciones al maestro.*
(Salmo 84:6)

Dijo rabbi Yehoshúa ben Levi: "—Atravesando— se refiere al hombre que ha infringido en contra de la voluntad del Uno Santo, bendito sea."

"—El valle— hace referencia al Infierno que se hace más profundo."

"—Lágrimas— significa que ellos gimen y lloran como lo haría una —fuente— en Shitin."

"—La lluvia cubriendo con bendiciones— denota que los transgresores por sí mismos bendicen al Eterno diciendo en alta voz: —Creador del Universo, tú has juzgado justamente, encontrando al recto justo y al malvado lleno de iniquidad, y bendecido seas porque has establecido el Infierno para el malvado y el Paraíso para el recto—."

(TE, Capítulo II, Mishná I)

COMENTARIO

El Talmud hace una traducción más correcta del texto bíblico: el término hebreo *brajót* (ברכות) que significa bendiciones es traducido literalmente, pero traduce *moré* (מורה) como lluvia en vez de maestro, aunque al momento de realizar la explicación, el término *moré* conserva estos dos significados.

De este modo se nos presenta la idea de que aquel que desciende incluso a los infiernos va alabando el nombre de Putiel, de Aquel que Aflige, porque se da cuenta, en una revelación trascendental, de que ha sido juzgado con justicia y con verdad.

Se trata de una visión sumamente espiritual, donde el ser humano, vaya al Paraíso o al Infierno, transigirá un cambio no solamente morfológico, sino ontológico, donde la elevación espiritual le hará discernir el bien del mal.

Romanos 14:11, reactualizando el versículo de Isaías 45:23, específica que toda rodilla se doblará y que toda lengua confesará que Yeshúa HaMashíaj es YHVH.

De este modo, en el Juicio Final, todos, buenos y malos, confesarán el nombre del Eterno y de acuerdo al Talmud, le alabarán por su justicia.

―◌ ◌◌ ◌―

Los que te temen me verán, y se alegrarán.
(Salmo 119:74)

Rabhina dijo: "Los habitantes de Judá repasan cada Tratado que han escrito, y enseñan esas sapiencias frente a los demás, y he aquí que retienen su conocimiento, porque enseñar a los demás mejora el aprendizaje propio. Los habitantes de Galilea, por otra parte, no hacen esto y en consecuencia su conocimiento les abandona."

"De David que enseñó a otros hace referencia lo que está citado en el versículo: —Los que te temen me verán y se alegrarán—, mientras que de Samuel, que no enseñó a los otros, se dice lo que en 1 de Samuel 14:47 está escrito:

Y adondequiera que se volvía, causaba terror.

Dice rabbi Yehuda en nombre de Rabh: "Los niños de Judá, que ponen estricta atención a sus maestros y hacen muchas preguntas, retienen lo que han aprendido."

"Los niños de Galilea, que no ponen atención al lenguaje de sus maestros, y no los cuestionan, no retienen nada."

"Los niños de Judá aprenden de un solo maestro, y he aquí que recuerdan lo que aprendieron, pero los niños de Galilea tienen muchos profesores, y en consecuencia no retienen nada."

(TE, Capítulo V, Mishná I)

COMENTARIO

Debemos entender como Galilea, a la Galilea gentil, mientras que en realidad lo que están haciendo los rabinos es comparar a los gentiles romanos con el pueblo de Israel, conocido como Judá. Esta división también corresponde a los tiempos de los reyes de Israel, cuando se separa el reino del Norte, conocido como Israel, del reino del Sur, que mantiene la descendencia davídica.

Lo importante de todo son las técnicas de estudio que nos ofrecen los rabinos: en primer lugar está el poner mucha atención a los maestros, sean maestros de congregación que nos enseñen las Escrituras o se dediquen de lleno al magisterio; Hacer muchas preguntas, porque cuando se pregunta se produce una retroalimentación.

Finalmente, escuchar a varios profesores en una universidad es útil para ampliar nuestro conocimiento, pero no así cuando hablamos de ministros de culto congregacionales, porque asistir a diferentes congregaciones lo único que va a causar en nuestro espíritu es confusión.

⁓

Todo lo que respira alabe a YAH.
(Salmo 150:6)

Rabbi Yeremiah ben Elazar dijo: "Desde la destrucción del Segundo Templo, es suficiente para un hombre utilizar dos letras para conformar el nombre del Eterno, en vez de Yud (י), Hey (ה), Vav (ו) y Hey (ה), solamente son necesarias la Yud (י) y la Hey (ה), como está en el citado versículo."

(TE, Capítulo II, Mishná I)

COMENTARIO

El nombre de YAH, que está conformado por solamente dos consonantes, es en realidad un diminutivo de YHVH, como el diminutivo de Elohim es EL, y como he analizado con gran detalle en el libro Los Nombres de Dios (Ayala, 2007).

Aunque de acuerdo a esta historia del Talmud, el individuo debe sustituir el nombre de YHVH por YAH, en la práctica esto nunca sucede, sino que el nombre de YHVH se lo sustituye en las sinagogas por el de Adonai, porque el nombre de YAH mantiene también un carácter sagrado dentro del judaísmo.

PROVERBIOS

Porque adorno de gracia serán a tu cabeza, y collares a tu cuello.
(Proverbios 1:9)

Rabbi Elazar dijo: "La expresión que se cita en el versículo —collares a tu garganta—, la debemos entender en el sentido de que un collar está suelto en el cuello y no se ve cuando una persona agacha su cabeza, y lo mismo sucede con un estudioso del Talmud: Si no se ve constantemente en los mercados, oprimiendo a sus vecinos, sino que se sienta calladamente y estudia la Toráh, entonces retiene su conocimiento, de otra manera no puede retenerlo."

Rabbi Yehoshúa ben Levi dijo: "Aquel que viaja por el camino sin compañía, debería estudiar la Toráh, por lo que dice el citado versículo: —Adorno de gracia será a tu cabeza y collares a tu cuello—."

"Si la persona tiene dolor de cabeza, debe estudiar la Toráh, porque es un —adorno de gracia— sobre la cabeza."

"Si tiene gripe, debe estudiarla, porque es un —collar— para su garganta."

"Si le duele el estómago, actúa también de ese modo, por lo que Proverbios 3:8 dice:

Porque será medicina a tu cuerpo, y refrigerio para tus huesos.

"Entendiendo el —cuerpo del viajero—."

"También si le duelen los huesos, por lo que también está escrito en el citado versículo de Proverbios: —Refrigerio para tus huesos—."

"De igual manera, uno que siente dolor en cualquier parte de su cuerpo debe estudiar la Toráh, por lo que en Proverbios 4:22 está escrito:

Y medicina a todo su cuerpo.

Dice rabbi Yehuda ben rabbi Hiya: "Observen cómo la costumbre del Eterno difiere de la del hombre: Si una persona receta un remedio, beneficiará una cosa pero tendrá efectos secundarios sobre otra. Sin embargo, el Santo Uno, bendito sea, dio la Toráh a todo Israel como un remedio para todos los hombres y para todas las dolencias del cuerpo, como está escrito en el citado versículo de Proverbios que dice: —Porque será medicina a todo su cuerpo—."

(TE, Capítulo V, Mishná I).

COMENTARIO

La lectura de las Sagradas Escrituras es esencial para que cualquier ser humano empiece a tener un conocimiento más profundo de El Shaddai, de Aquel que es Poderoso y de su hijo Yeshúa.

La lectura bíblica es lo que fortalecerá nuestra alma y nuestro espíritu, pues es el alimento espiritual para que podamos superar cualquier prueba en nuestras vidas y para que nuestra fe no mengüe. Un seguidor del Camino de la Vida debía tener un devocional bíblico diario.

No sólo eso, sino que la sanidad de nuestros cuerpos es una realidad que debemos aplicar con fe, teniendo a la mano un remedio tan sencillo y tan económico al alcance de nuestras manos.

Una persona que nunca ha leído la Biblia en su vida, y que quiere empezar hoy mismo, que lo haga con el Evangelio de Marcos y con el libro de los Salmos y luego intercambiar la lectura del Nuevo y del Antiguo Testamento.

—⸎ ⸎ ⸎—

Porque son vida a los que las hallan, y medicina a todo su cuerpo.
(Proverbios 4:22)

Le dijo Samuel a rabbi Yehuda: "Tú, sagaz. Abre tu boca, cuando lees y también cuando aprendes, entonces sucederá que vivirás mucho, como está escrito en el citado versículo: —Son vida los que las hallan—."

"No leas: —los que las hallan—, sino: —que hacen un hallazgo para los demás—, esto es, que por pronunciar palabras sabias con los labios, resultarán beneficiados todos los que las escuchan."

Samuel le dijo nuevamente a rabbi Yehuda: "Tú, sagaz. Mientras tengas dinero, come y bebe; porque el mundo que dejamos atrás es como una fiesta de bodas que pronto se terminará, y en el Mundo Venidero no podrás hacerlo."

Rabh le dijo a Hamnana: "Hijo mío, si tienes la posibilidad de hacer el bien, hazlo, porque en la tumba no hay placer, y no hay un tiempo establecido para la muerte."

"Si dijeras: —Dejaré a mis hijos lo suficiente para que vivan bien cuando esté enterrado—, ¿quién te asegura que ellos lo conservarán? Porque el hombre es como la hierba del campo: A veces florece, como quien tiene todo preparado para los hijos; Otras veces se seca y no deja nada."

(TE, Capítulo V, Mishná I).

COMENTARIO

Cuántas veces hemos escuchado consejos que se nos dan para hacer algo bueno en nuestra vida: Siembra un árbol, lee un libro, ten un hijo, entre otros muchos.

El Talmud nos exhorta a que hagamos cuatro cosas en la vida: Disfrutarla, sobre todo la comida; Compartir a los demás un conocimiento más trascendental; Hacer el bien a los otros y No obsesionarnos en la acumulación de bienes materiales.

Si hacemos esto, nos pasaremos de una manera más agradable nuestro efímero tiempo sobre la tierra.

⁓ ೞ ೞ ⁓

Su *seno* te satisfaga en todo tiempo, y en su amor *arrebátate* siempre.
(Proverbios 5:19)

Rabbi Samuel ben Nahmeni dijo: "¿Por qué la Toráh es comparada con un seno? Porque a la hora de que el niño quiere mamar, el seno produce leche, así mismo la Toráh produce sus conocimientos cada vez que se la escudriña."

"La segunda parte del versículo implica lo que le sucedía a rabbi Elazar ben Pedath cuando estudiaba la Toráh en el Mercado Bajo de Seforis: Sus ropas eran frecuentemente encontradas en el Mercado Alto, y es que se abstraía tanto en los estudios, que a pesar de que perdía sus ropas, las volvía a recuperar."

Dijo rabbi Yitzják ben Eliezer: "Una vez un hombre intentó robar las ropas de rabbi Elazar ben Pedath y halló una serpiente extendida a lo largo."

(TE, Capítulo V, Mishná I)

COMENTARIO

El amor maternal de Gamaliel, de Aquel que nos Recompensa, se revela en la leche espiritual que recibimos en nuestros primeros encuentros con la Biblia, y que como dice 1 Pedro 2:2, se trata de una leche no adulterada que debemos desear como niños recién nacidos, ya que será nuestra fortaleza espiritual.

Por otra parte, mientras que nosotros estemos pendientes del estudio bíblico, el Mashíaj estará al pendiente de todas y cada una de nuestras necesidades, hasta el detalle de cuidar que no extraviemos nuestra ropa, usando métodos increíbles y sobrenaturales para guardar nuestras pertenencias.

—◌ ✺ ◌—

Todos los que me aborrecen aman la muerte.
(Proverbios 8:36)

Resh Lakish dijo: "Si alguien expectora una flema en la presencia de su maestro, merece la muerte, por lo que está escrito en el citado verso, donde no debemos leer —todos los que me aborrecen—, sino más bien: —todos los que me hacen aborrecible—."

(TE, Capítulo X, Mishná IV)

COMENTARIO

Los talmudistas estaban sumamente interesados en el pudor y el respeto que debía mostrar un individuo hacia sus maestros. En el Tratado de Eruvin, lo hemos visto repetidas veces: Se exhorta a honrar a los maestros, sean buenos o malos, estrictos o injustos, y los posiciona en un lugar especial dentro de la sociedad: El sitio de honor para quienes desgastan sus vidas enseñando a los demás lo que han aprendido.

La sociedad moderna ha dado derechos y garantías a los

estudiantes, al grado que los maestros han sido relegados a bufones o a individuos que no merecen ningún respeto.

Una manera de honrar a nuestros maestros es teniendo en lo posible mayor control de las reacciones bioquímicas del organismo, como podrían ser las flatulencias, los eructos y otras cosas desagradables para quienes las presencian, de tal manera que en esos detalles estemos dando testimonio de que el Rúaj HaKódesh, de que el Espíritu Santo, mora en nosotros.

— ᬒ ᬒᬒ ᬒ —

El indolente ni aun asará lo que ha cazado.
(Proverbios 12:27)

Rabbi Shezbi en el nombre de rabbi Elazar ben Azariah dijo: "Lo que está escrito en el citado versículo, que —el indolente ni aun asará lo que ha cazado—, significa que aquel que estudia superficialmente la Toráh, solamente para engañar a la gente, y no la estudia minuciosamente ni la repite a menudo, no retendrá su conocimiento ni tampoco vivirá por mucho tiempo."

Rabbi Sheshet, sin embargo, dijo: "Un hombre que hace tal cosa no es malo, sino simplemente tonto, por otra parte, el hombre prudente, que estudia muchas cosas y además las resalta, de modo que no se le olvide lo que aprendió, retiene su conocimiento y vivirá una larga vida."

Cuando rabbi Dimi llegó de Palestina, dijo: "El citado versículo de Proverbios que dice: —el indolente ni aun asará lo que ha cazado—, es un símil de un hombre que atrapa pájaros: Si le corta las alas a las aves que atrapa, puede proceder a capturar más, de otro modo escaparán."

"Lo mismo aplica para un hombre que estudia la Toráh: Si repasa constantemente lo que ha aprendido, lo retendrá y entonces puede proceder a estudiar más, pero si no repasa, entonces no puede retener nada."

(TE, Capítulo V, Mishná I)

COMENTARIO

La proliferación de sectas se debe entre otros factores a individuos sin escrúpulos que toman algunos textos de las Escrituras para alcanzar fines mezquinos. Pensando que lo entienden todo con una simple leída, enseñan así a otros, extraviándoles del Camino de la Salvación.

Por otra parte, debemos entender que la Biblia es un libro de estudio, y como tal, hacer anotaciones al margen, subrayarla de distintos colores, ya que profundizar en su escrutinio, será la única manera de mantenernos firmes en nuestra fe.

De acuerdo al Talmud, la base para la retención de las enseñanzas es el estudio sistemático que se repite una y otra vez, hasta que haya entrado en lo hondo de nuestra alma y de nuestro corazón.

_⟶ ⌒ ℘ ⌒_

Las riquezas de vanidad disminuirán, pero el que recoge con mano laboriosa las aumenta.
(Proverbios 13:11)

Rabha en el nombre de rabbi Huna dijo: "El citado verso quiere decir que si un hombre apila lo que ha aprendido, no lo puede retener, pero si lo va discerniendo poco a poco y de manera deliberada, entonces lo irá incrementando."

Rabha dijo: "Los rabinos saben esto y aun así no ponen atención."

Dice rabbi Nahman bar Yitzják: "He actuado como me lo sugirieron y en consecuencia he retenido mi conocimiento."

(TE, Capítulo V, Mishná I)

COMENTARIO

Cuando hablamos de un libro tan amplio como la Biblia, a veces pensamos que conocerlo a fondo es una tarea imposible. Por supuesto que si queremos aprenderlo todo de una sola vez, la tarea complicará nuestro estudio y terminaremos sabiendo menos de lo que sabíamos antes.

Sin embargo, una técnica sencilla de aprendizaje consiste en ir aprendiendo poco a poco las cosas, pero bien aprendidas, de modo que no las olvidemos con el tiempo.

Comencemos con los dogmas básicos de nuestra fe y prosigamos hacia temas cada vez más complejos.

_꧁ ❀ ꧂_

El hombre se alegra con la respuesta de su boca, y la palabra a su tiempo, ¡cuán buena es!
(Proverbios 15:23)

Rabbi Zera dijo: "El citado verso significa que cuando el hombre tiene gozo por la respuesta de su boca, en cualquier momento en que se le pregunte sobre algo concerniente a la Toráh, puede dar una respuesta apropiada."
(TE, Capítulo V, Mishná I)

COMENTARIO

La respuesta de nuestra boca revela muchas veces nuestro estado de ánimo. A veces contestamos de malas, o cansados o sin ánimos, con lo que cualquier respuesta que demos acerca de las Escrituras reflejará nuestro sentimiento.

Debemos de ser prudentes en entender que a veces los otros no tienen la disposición de darnos una respuesta afable, sobre todo cuando les preguntamos que nos expliquen algún pasaje bíblico, sea un pastor, nuestro cónyuge, nuestros hijos o algún amigo.

Cuando damos respuestas gozosas, indica que nuestro humor se encuentra dispuesto a poner atención y empeño al estudio de las Escrituras.

Sepamos reconocer el denuedo en los demás y en nosotros mismos, para entender cuándo es más apropiado estudiar y profundizar junto con otros en el significado de la Biblia.

⸺ ᥴ᠙ ᥴᎧᎧ ᥴ᠙ ⸺

Y aquel que se apresura con los pies, peca.
(Proverbios 19:2)

Rabbi bar Abba dijo en nombre de rabbi Assi: "Una persona no debe caminar sobre el pasto en Shabbath, por lo que está escrito en el citado verso."

(TE, Capítulo X, Mishná VIII)

COMENTARIO

El Shabbath, como hemos expresado en el Tomo I de esta colección, es un día especial en el que debemos consagrarnos de lleno a la comunión con Yeshúa HaMashíaj, un día para gozarnos y agradecer al Eterno.

Caminar sobre el pasto implica en esta historia irse de día de campo, dedicarse a cosas del mundo y olvidarse de Nemuel, Aquel a quien debemos ofrecer un Día.

Demostremos nuestro amor por Yeshúa destinándole cuando menos un día a la semana.

⸺ ᥴ᠙ ᥴᎧᎧ ᥴ᠙ ⸺

Porque es cosa deliciosa, si las guardares dentro de ti; Si juntamente se afirmaren sobre tus labios.
(Proverbios 22:18)

Rabbi Ama dijo: "Lo que está escrito en el citado verso nos lleva a preguntar: ¿Cuándo son las palabras de la Toráh una cosa deliciosa? Si las puedes mantener dentro ti."

"¿Cuándo las podemos mantener dentro de nosotros? Cuando las podemos pronunciar con nuestros labios."

(TE, Capítulo V, Mishná I)

COMENTARIO

Cuando estudiaba la licenciatura en el Tecnológico de Monterrey en la ciudad de México, un profesor que no estaba lejos del Reino de los Cielos, nos decía que Salomón debía su sabiduría al hecho de conocer más de tres mil proverbios y saber cómo aplicarlos en el momento adecuado.

Memorizar versículos bíblicos nos llevará a tener un mayor conocimiento de las promesas y bendiciones que tiene para nosotros Netaneel, que Aquel que Da.

Debemos utilizarlos como una palabra viva y real, es decir, que pasemos de retenerlas en nuestra cabeza y podamos aprehenderlos con nuestro corazón.

Esa es la gran diferencia entre la palabra *logos* (λογος), que es el conocimiento intelectual que aprendemos al leer las Sagradas Escrituras, y la palabra *rhema* (ρημα), que es la revelación que aprehendemos con nuestro corazón y alimenta nuestra alma.

—⸙ ⸎ ⸙—

Hijo mío, si tu corazón fuere sabio, también a mí se me alegrará el corazón.
(Proverbios 23:15)

Rabbi Yehuda dijo en el nombre de Samuel: "En los tiempos del rey Salomón se ordenó la ley de Eruvin y la del lavamiento de manos antes de los alimentos, escuchándose una voz celestial que decía el citado versículo: —Hijo mío, si tu corazón fuere sabio, también a mí se me alegrará el corazón—, y también lo que en Proverbios 27:11 está escrito:

Sé sabio, hijo mío, y alegra mi corazón, y tendré qué responder al que me agravie.

Los rabinos reflexionaron acerca de lo que sucedió cuando rabbi Aquiba estaba en prisión y rabbi Yehoshúa de Garsi le servía cada día. El agua le era racionada. Un día el guardia de la prisión le dijo a rabbi Yehoshúa: "La ración de agua que traes es mucha, no sea que quieras dañar los cimientos de la prisión." Así que vació la mitad del agua que llevaba y le regresó el pocillo.

Cuando rabbi Yehoshúa vino a rabbi Aquiba, este le dijo: "¿No sabes que soy un hombre viejo y que mi vida depende de ti?" Rabbi Yehoshúa le contó entonces lo que había sucedido.

Dijo rabbi Aquiba: "Dame el agua y me lavaré las manos antes de comer."

Respondió: "Apenas hay suficiente agua para beber, ¿y tú la utilizas para lavarte las manos?"

Repuso rabbi Aquiba: "¿Qué puedo hacer? Debo seguir los mandamientos rabínicos que envuelven pena capital cuando son violados. Sería mejor para mí morir de hambre, que actuar contrario a la opinión de mis colegas."

Y es sabido que rabbi Aquiba no probó nada hasta que le trajeron el agua para que se lavara las manos.

Cuando los sagues escucharon esto, dijeron: "Si era tan cuidadoso en su ancianidad, cómo habrá sido en su juventud, y si era tan particular en prisión, cómo sería cuando era libre."

(TE, Capítulo II, Mishná I)

COMENTARIO

Los rabinos quieren remontar las enseñanzas rabínicas a tiempos de Salomón, cuando menos las que están en relación al lavamiento de manos, cuando normalmente a las interpretaciones talmúdicas, que también se las conoce como la Toráh Oral, las encumbran a los tiempos del Éxodo.

Luego tenemos un caso tan riguroso para guardar estas enseñanzas que incluso se dice que dejar de lavarse las manos es incurrir en pena de muerte. Otros talmudistas opinarán lo contrario en otras mishnót. Este caso en particular hace referencia a una figura pública que debe poner el ejemplo delante de sus seguidores.

Mientras que una persona normal se puede dar el lujo de

quebrantar algunos mandamientos sin tener mayor problema, un personaje público, que es modelo a seguir, no debe poner un mal ejemplo, o entendido como lo dice Yeshúa HaMashíaj en Mateo 18:7: debemos cuidar de no ser tropiezo a los demás.

_⸎_ ⸎ ⸎_

Quien cuida la higuera comerá su fruto.
(Proverbios 27:18)

Rabbi Hiya bar Abba dijo en nombre de rabbi Yohanan: "Respecto del citado versículo, ¿por qué son las palabras de la Toráh comparadas a una higuera?"

"Porque como la higuera rinde sus frutos cuando la sacuden, así también la Toráh siempre otorga nuevas enseñanzas cada vez que se repite su estudio."

(TE, Capítulo V, Mishná I)

COMENTARIO
Leer la Biblia debe ser una tarea diaria, no importando cuántas veces leamos las mismas historias.

Mi recomendación es la de siempre llevar un plan anual de aprendizaje bíblico que garantice que hemos leído la Biblia completa durante un año. En mi caso, desde que nací de nuevo en este Camino de la Fe en 1998, he leído la Biblia de manera anual, y en ocasiones hasta dos veces por año.

_⸎_ ⸎ ⸎_

Dad la sidra al desfallecido, y el vino a los de amargado ánimo.
(Proverbios 31:6)

Rabbi Hanan dijo: "El vino fue creado solamente para reconfortar a los que lamentan, también para pagar en la tierra al malvado por alguna buena obra que haya hecho, como está escrito en el citado libro de Proverbios, donde —desfallecido— hace referencia al malvado y —amargado ánimo— hace referencia a quienes lamentan."

(TE, Capítulo V, Mishná I)

COMENTARIO

Las discusiones sobre el vino, que han ocupado otros espacios en este Tratado de Eruvin, continúan con la opinión de rabbi Hanan, que de ninguna manera justifica que una persona beba, sino como el resultado del pago terrenal de un malvado, quien finalmente será sentenciado al fuego eterno, donde lamentará hasta el final de los tiempos.

De este modo, se nos presentan puntos de vista diversos con respecto al vino.

Un individuo que desee llevar una vida acorde con los estatutos divinos debe entonces abstenerse de la bebida alcohólica, embriagante.

ECLESIASTÉS

El viento tira hacia el sur y rodea al norte, va girando de continuo, y a sus giros vuelve el viento de nuevo.
(Eclesiastés 1:6)

Los rabinos enseñaron: "Si alguien va a construir una plazoleta, debe hacerla de acuerdo a la posición de la tierra, es decir, el Norte debe estar de acuerdo al Norte de la tierra, el Sur apuntando al Sur, y sus signos deben ser: el Capricornio del Zodiaco debe ubicarse en el Norte y el del Escorpión en el Sur."

Dice rabbi Yoséf: "Si no entiende cómo hacer la plazoleta de acuerdo a la posición de la tierra, debe guiarse por el Equinoccio."

"¿Cómo? Cuando el sol sale y se pone en días largos, es el Norte del Ecuador, y durante los días cortos, cuando sale y se pone el sol, es en el Sur del Ecuador."

"Durante el Equinoccio de Nissan y de Tishrei, el sol sale a la mitad, es decir, directamente del Este, y se pone directamente en el Oeste, tal y como está escrito en el citado verso, que debía leerse: —El viento tira hacia el sur— durante el día, —y rodea al norte— durante la noche —y a sus giros vuelve el viento de nuevo—, queriendo decir Este y Oeste, porque algunas veces pasa a través de ellos y otras los rodea."

Dice rabbi Mesharshia: "Todas estas reglas no cuentan, porque hemos aprendido en una *Boraitha* que el sol nunca sale en el Noroeste ni se pone en el Noreste, y el sol nunca sale en el Suroeste ni se pone en el Sureste."

Dice Samuel: "El Equinoccio en Nissan puede tomar parte durante uno de los cuatro cuartos de un día, sea cuando sale el sol, cuando se pone, mediodía o medianoche."

"El Equinoccio en Tamuz no puede ocurrir excepto hora y media después de la salida o de la puesta de sol, o siete y media horas después de ambos."

"El Equinoccio en Tishrei ocurre únicamente tres o nueve horas después tanto del amanecer o del ocaso."

"El Equinoccio en Tebeth ocurre solamente cuatro y media horas, o diez y media horas después tanto del amanecer o del ocaso."

"No hay más que noventa y nueve días y siete horas entre cada Equinoccio, y estos ocurren en la primera y segunda mitad de la misma hora respectivamente."

(TE, Capítulo V, Mishná I)

COMENTARIO

La mención de las constelaciones de acuerdo a sus nombres zodiacales no debe sorprendernos, pues libros tan antiguos como Job hacen mención de las Pléyades y del Orión, con términos hebreos: *Kimá* (כימה) que significa simplemente conjunto de estrellas para las Pléyades y *Kesíl* (כסיל), que puede designar cualquier constelación en el cielo en referencia a Orión. Adoptar términos griegos o romanos para nombrar las constelaciones es sólo una forma de hacerse entender.

La discusión rabínica se enfoca en la planeación de las ciudades, ya que de manera común las calles y las casas comienzan a girar en torno a la plazoleta, de manera que una ubicación de acuerdo con la salida y la puesta del sol, aprovechará la mayor cantidad de luz de manera natural en las casas que se ubiquen de este modo, además de brindar una armonía simétrica.

Por otra parte, podemos ver también la necesidad de conocer con exactitud el momento en que entra un Equinoccio. Los rabinos del primer siglo de nuestra Era fundamentaban sus conocimientos en la observación de los planetas y de este modo predecían el inicio o el final de las estaciones. Acostumbrados como estamos a la exactitud de los relojes atómicos, debemos entender que el cálculo preciso del inicio o fin de una estación era necesario para saber cuándo cosechar y cuándo segar, algo de lo que dependía la sociedad para seguir existiendo.

_ഗ ൦ൽ൦ ൧_

El sabio tiene sus ojos en la cabeza, mas el necio anda en tinieblas.
(Eclesiastés 2:14)

Los rabinos preguntaron: "¿Pueden aplicarse las ordenanzas de dos *tanas* a un solo caso?"

"¿No hemos aprendido en una *Boraitha*, que la Halajá que siempre debe prevalecer es la de Hillel, y que aquel que desea actuar conforme a la escuela de Shammai, debe seguir tanto las ordenanzas indulgentes como las estrictas exclusivamente de esa escuela de pensamiento?"

"Asimismo, el que quiera seguir la escuela de Hillel debe andar conforme a todas las ordenanzas de éste, sean indulgentes o rigurosas."

"Aquel que sigue a conveniencia las ordenanzas indulgentes de ambas escuelas es tenido como el referido pasaje del Eclesiastés que dice: —Más el necio anda en tinieblas—."

(TE, Capítulo I, Mishná I)

COMENTARIO

Hillel y Shammai, contemporáneos de Yeshúa HaMashíaj, son los representantes de dos escuelas de pensamiento judías: Mientras que los saduceos son representados por Shammai, los fariseos tienen a Hillel como su delegado.

De esta discusión aprendemos que como creyentes en el Mashíaj, debemos centrarnos en nuestras creencias, sin mezclar aspectos ajenos a nuestra fe que nos puedan confundir o desviar.

Además, debemos entender que también como seguidores de Yeshúa, cada líder congregacional tendrá un punto de vista peculiar de entender las Escrituras, y que mientras el Salvador sea el centro de su predicación, estar tomando ideas de diferentes líderes nos llevará solamente a la confusión de nuestras mentes.

Por otra parte, no debemos tomar los mandamientos del Nuevo Testamento que nos parecen sencillos y desechar aquellos que nos exhortan al verdadero amor a Asriel, a Aquel que nos Sostiene, al compromiso de amar a los demás y en fin, a aquellos que nos definen en nuestras creencias como seguidores del Camino de la Resurrección.

_ෙ ෙ ෙ_

Reparte a siete, y aun a ocho.
(Eclesiastés 11:2)

Rabbi Eliezar dice: "Por —siete— deben entenderse los siete días de la Creación y por —ocho—, los ocho días de la circuncisión."

Rabbi Yehoshúa dice: "Por —siete— se entienden los siete días de Pesaj, por —ocho— se entienden los ocho días de la fiesta de Sukkot y por —aun— se entiende Shavuot, Rosh Hashaná y Yom Kippur."

(TE, Capítulo III, Mishná VIII)

COMENTARIO

Algunas fiestas judías pueden encontrarse fácilmente dentro de la Biblia, otras más son reinterpretaciones de ciertos versículos, mientras que algunas no aparecen en las Sagradas Escrituras.

Vincularlas, sea de manera directa, indirecta o bien por reinvención es dotarlas de sacralidad.

Para el pueblo de Israel, que ha pasado por tantas persecuciones y que ha sido esparcido entre las naciones, las fiestas sirven como un sistema de cohesión y de identidad nacional, en las que participa la sociedad en su conjunto, sean religiosos o seculares. La identificación del individuo con el judaísmo se realiza con base a la celebración anual de sus fiestas.

En el Nuevo Testamento se menciona que el Mashíaj guardaba y se identificaba con algunas fiestas judías: Pesaj es mencionada en Mateo 26:2 y en los demás evangelios, Shavuot en Hechos 2:1, Hanuká en Juan 10:22 y Yom Kippur en Hechos 27:9.

Para el doctor Dan ben Avraham, si un creyente de origen no judío decide practicar este tipo de fiestas, no está practicando un rito judío, sino del Eterno, aun cuando fueron entregadas a la nación de Israel como depositaria de la revelación, fueron destinadas a todo el mundo.

Guardarlas como seguidores del Camino de la Fe es reinterpretarlas dentro del contexto neotestamentario.

─ෆ ෴ ෂ─

Ahora, hijo mío, a más de esto, sé amonestado. No hay fin de hacer muchos libros, y el mucho estudio es fatiga de la carne.
(Eclesiastés 12:12)

Rabha predicaba: "Estos versículos de Eclesiastés quieren decir: Hijo mío, guarda cuidadosamente los mandamientos rabínicos, aún más que los bíblicos, porque mientras que la mayoría de los mandamientos bíblicos son positivos o negativos sin contener la pena de muerte cuando son violados, los mandamientos rabínicos, si son violados, contienen pena capital."

Los rabinos preguntaron: "Si este fuera el caso, ¿por qué los mandamientos rabínicos no se escribieron en textos?"

Rabha provee de una respuesta: "Porque —no hay fin de hacer muchos libros—, además de que —el mucho estudio es fatiga de la carne—, lo que quiere decir que aquel que es devoto al mucho pensar y a la mucha reflexión de los mandamientos rabínicos, es como aquel que come carne en exceso."

(TE, Capítulo II, Mishná I)

COMENTARIO

El Talmud se cristalizó en el siglo IV de la era cristiana. Sin embargo, sus enseñanzas aparecen escasos cien años antes del nacimiento de Yeshúa HaMashíaj.

Llama la atención la severidad de los mandamientos rabínicos por una parte, pero también la crítica que los mismos talmudistas hacen de estos preceptos, comparándolos al exceso de carne que produce gota y otras muchas afecciones.

El Evangelio de Juan 21:25 hace una reflexión sobre las hazañas del Mashíaj, afirmando que si se escribieran uno a uno sus hechos no cabrían los libros en el mundo, y con esto entendemos que el estudio y la práctica de mandamientos, bíblicos o rabínicos, está enfocada a que cada día nos superemos como seres humanos.

CANTARES

Sus mejillas, como una era de especias.
(Cantares 5:13)

Rabbi Elazar dijo: "El citado verso de Salomón quiere decir que si un hombre trata a todos los demás como en un lecho de flores, es decir, si es extremadamente modesto, y además se conduce a sí mismo como alguien que retiene las especias en su mano, que aún después de dejarlas, siguen con su misma fragancia, entonces retiene el conocimiento que ha adquirido, de otra manera olvidará todo."

(TE, Capítulo V, Mishná I)

COMENTARIO

Cuando estudié la Maestría en Religión en la Universidad Hebrea de Jerusalén, una de las materias trataba acerca de la interpretación de los Salmos, impartida por el doctor George Savran. Para mi sorpresa, el punto focal del curso era cuestionar al texto de tal manera que reconociéramos que en realidad eran más las dudas que teníamos que las respuestas que podíamos dar, ya que con base a las preguntas que hiciéramos al texto, recibiríamos las respuestas.

De esta manera, el conocimiento no debe envanecernos, sino todo lo contrario: Debe abrirnos los ojos para que nos demos cuenta de lo poco que sabemos y del inalcanzable camino que nos resta, no para llegar al final, sino sólo para seguir dándonos cuenta que no sabemos nada.

─૭ ∽૭ ૭─

Como cachos de granada son tus mejillas.
(Cantares 6:7)

Decía Resh Lakish: "Las llamas del Infierno no pueden dañar los cuerpos de los pecadores en Israel."

Y esto lo decía de la conclusión a *fortiori* que aunque la cubierta de oro del arca de la alianza fuera solamente del grosor de un denario, no sería tocada por la luz perpetua que la consumiría, siempre y cuando un solo mandamiento fuera observado.

Cuánto más el pecador en Israel que ha observado tantos mandamientos como las semillas de una granada, escapará de las llamas del Infierno, como dice el versículo de Cantares.

Resha Lakish decía: "No leas —tus mejillas— sino más bien: —hombre vanidoso y malvado—."

Y es que aún Resh Lakish admitía que los pecadores descienden al Infierno, pero nuestro padre Abraham, viéndolos circuncidados, los rescata.

(TE, Capítulo II, Mishná I)

COMENTARIO

El Talmud hace una deconstrucción del versículo bíblico cambiando una vocal: En vez de pronunciar *rakotéj* (רִקָּתֵךְ), que significa "mejilla," pronuncia *rikotéj* (רִקָּתֵךְ), que se traduce como "malvado" o "vanidoso."

La comparación con el arca de la alianza es un poco compleja: La luz perpetua destruiría el arca por ser un objeto de hechura humana, invalidando también el pacto que hizo con el pueblo de Israel Amiel, Aquel que Ama. De este modo, su expresión gloriosa a través del arca de la alianza, sería una manifestación de amor, tolerancia y misericordia, siempre y cuando alguien guardara un solo mandamiento de la Toráh.

Si el Señor es capaz entonces de mantener su pacto con el ser humano si este cumple un solo mandamiento, cuánto más librará del Infierno al pecador que durante su vida ha intentado guardar muchos mandamientos y que además tiene en su prepucio el pacto de la circuncisión.

Esto nos muestra con claridad que de alguna manera, los talmudistas concebían un perdón más allá de las obras, un perdón fundamentado en la gracia.

1 de Juan 1:8-9 nos dice que mentiríamos si dijéramos que no pecamos, pero que sin embargo, cuando confesamos nuestros pecados, el Mashíaj es fiel y justo para perdonarlos.

Ciertamente el Eterno nos llama a ser perfectos, pero entendiendo nuestras debilidades, nos consuela con la salvación, exhortándonos a que creamos en su Santo Nombre y confesemos a su Hijo unigénito, a Yeshúa HaMashíaj.

_ॐ ॐ ॐ_

Ven, oh amado mío, salgamos al campo, pernoctemos en las aldeas. Levantémonos de mañana a las viñas; Veamos si brotan las vides, si están en cierne, si han florecido los granados; Allí te daré mis amores.
(Cantares 7:11-12)

Rabha predicaba: "—Ven, oh amado mío, salgamos al campo—. Esto dijo la comunidad de Israel delante del Santo Uno, bendito sea Él: —Creador del Universo, no nos juzgues como a los habitantes de las grandes ciudades, donde hay robo, rapiña, falsos juramentos y juramentos vanos entre ellos. Ven al campo y te enseñaremos a tantos estudiosos de la Toráh que viven en tan pobres circunstancias—."

"—Pernoctemos en las aldeas— significa: Ven con nosotros y te enseñaremos a tantos a quienes has hechos tantas misericordias y aun así te niegan."

"—Levantémonos de mañana a las viñas— hace referencia a los sinagogas y a las casas de aprendizaje bíblico."

"—Veamos si brotan las vides— hace referencia a aquellos que estudian las Sagradas Escrituras."

"—Si están en cierne— se refiere a quienes estudian la Mishná."

"—Si han florecido los granados— se refiere a los que estudian la Guemará."

"—Allí te daré mis amores— significa: —Nosotros te mostraremos nuestros niños que honran y nos reverencian estudiando tu Toráh y guardando tus caminos—."

(TE, Capítulo II, Mishná I)

COMENTARIO

A primera vista observamos una comparación entre las grandes ciudades y las pequeñas aldeas, sin embargo, esto es una analogía entre quienes están en la oscuridad del mundo, llenos de mentira, vanidades y vacíos materiales, y entre quienes se dedican al estudio de las Escrituras y de las enseñanzas rabínicas; que dejando la opulencia de las riquezas, encuentran de mayor bendición ver que sus hijos guardan los preceptos de Kemuel, de Aquel que nos Levanta.

No nos percatamos del peso que damos para que nuestros hijos sean personas de bien: Los forzamos a terminar, si es posible, estudios universitarios, pero descuidamos su crecimiento espiritual y sobre todo olvidamos forzarlos a congregarse y a buscar del Señor, creyendo que eso lo decidirán ellos cuando sean mayores.

Y cuando son mayores, son unos grandes profesionistas, por supuesto, pero con unas vidas de un terrible sin sentido:

Unos divorciados, otros corrompiéndose en las vanidades de este siglo, otros más negando al Mashíaj y recibiendo en sus desvaríos el castigo establecido por las leyes eternas e inquebrantables del Santo Uno.

Enfoquémonos en el crecimiento espiritual de nuestros hijos, tomándonos un tiempo de calidad para leer las Sagradas Escrituras con ellos; Invirtiendo un tiempo para enseñarles a orar hasta que vean la respuesta a sus peticiones; Acompañándolos y persuadiéndolos, en fin, de que acudan a la congregación para que conozcan al Eterno Creador del Universo.

Isaías

Y la convertiré en posesión de erizos, y en lagunas de agua. (Isaías 14:23)

Rabbi Yeremiah ben Elazar dijo: "Cuando Babilonia recibió la maldición, fue también una maldición para sus vecinos, pero cuando Samaria fue maldecida, sus vecinos se regocijaron."

"En el caso de Babilonia, por lo que está escrito en el citado versículo de Isaías: —Y la convertiré en posesión de erizos—, mientras que en el caso de Samaria, por lo que en Miqueas 1:6 está escrito:

Haré, pues, de Samaria montones de ruinas, y tierra para plantar viñas.

(TE, Capítulo II, Mishná I)

COMENTARIO

El castigo sobre las naciones de Yajtzeel, de Aquel que Divide, a veces afecta a los países contiguos. En el caso de la sociedad moderna, las economías de las naciones están tan vinculadas unas con otras, que cualquier disturbio económico en un país, afectará a todos los demás: Se cae la bolsa de valores en el Lejano Oriente y ese mismo día se afecta la economía en Occidente.

Cuando analizamos, sin embargo, la maldición sobre Samaria, entendemos que también existe un rasgo de misericordia: Por una parte castiga, pero también trae consuelo posterior al castigo.

Los naciones vecinas pudieron alegrarse porque eran dadas a los placeres y al vino, y porque en términos espirituales odiaban al pueblo escogido: La caída de Samaria representaba el final de la hermandad con Judá.

Los seguidores del Camino de la Salvación somos observados constantemente por ojos envidiosos que esperan nuestro fracaso. Nosotros, por el contrario, necesitamos ser más piadosos con los demás cuando por causas que desconocemos les ha acontecido algún tipo de desgracia.

⎯ ◌ ∞ ◌ ⎯

Oye, pues, ahora esto, afligida, ebria, y no de vino. (Isaías 51:21)

Rabbi Shesheth dijo en el nombre de rabbi Elazar ben Azariah: "Puedo exentar al mundo entero de juicio divino desde la destrucción del Templo hasta el día de hoy, por lo que dice el citado verso: —Oye, pues, ahora esto, afligida, ebria, y no de vino—, de modo que aunque todo el mundo esté ebrio, no debían de ser juzgados."

Se hizo una objeción: "Hemos aprendido que las compras de un hombre ebrio son compras válidas, y que sus ventas, son ventas válidas; Si ha cometido una ofensa capital, debería también ser ejecutado, y si cometió un crimen digno de azotes, debe ser azotado. La regla dicta que es considerado un hombre sobrio en todos los aspectos, con la excepción de que sea absuelto de la oración."

Lo que Rabbi Shesheth quiso decir cuando menciona —que él puede absolver a todo el mundo de juicio divino—, es que él puede exentar al mundo de juicio en lo concerniente a sus oraciones.

Dice rabbi Hanina: "Todo esto es dicho concerniente a un hombre cuya embriagues no se iguala a la de Lot, pero si se iguala a la embriagues de Lot, está exento de todo juicio."

Rabba bar rabbi Huna dijo: "Alguien que está medio tomado no debería orar, y aunque lo hiciera, su oración no sería aceptada."

"Alguien que está intoxicado, de cualquier manera, y ora, su oración es considerada como una blasfemia."

"Pero ¿qué significa —medio tomado? —."

"Si un hombre es obligado a hablar delante del rey y tiene los sentidos suficientes para hacerlo, es que está medio tomado, pero uno que no es capaz de hacer esto, se le considera intoxicado."

Dice Rami bar Abba: "Aquel que después de beber ha caminado un kilómetro o ha tomado una siesta es considerado nuevamente sobrio."

Dice rabbi Nahman en nombre de Rabba bar Abahu: "Este es el caso de quien ha bebido solo un cuarto de un log de vino, pero si ha bebido más, entonces tiene que caminar más distancia, e interrumpirlo en su siesta lo embriagará todavía más."

¿Pero una caminata de un kilómetro neutraliza los efectos del vino? ¿No hemos aprendido que Rabbon Gamaliel, mientras viajaba una vez, montó un asno de la ciudad de Akhu a Khazib y era seguido por rabbi Ilayi?

Rabbi Gamaliel notó panecillos tirados en el camino, por lo que le dijo a Ilayi: "Levanta los panecillos," y encontrando a un gentil, le dijo: "Mabgai, toma los panecillos de Ilayi."

Entonces Ilayi preguntó al gentil: "¿De dónde eres?"

Respondió: "De la ciudad de Burganin."

"¿Y cuál es tu nombre?"

"Me llaman Mabgai."

"¿Conoces a rabbi Gamaliel?" le preguntó, "¿O rabbi

Gamaliel te conoce a ti?"

"No," respondió el gentil.

Entonces era obvio que rabbi Gamaliel conociera el nombre del gentil por inspiración divina.

Y tres cosas pueden deducirse de sus acciones: Primero, que el pan no debe dejarse tirado, sino recogerse.

Segundo, que debemos ser guiados por la mayoría de los caminantes, y ya que la mayoría de los caminantes son gentiles, el pan presumiblemente pertenecía a ellos y es por eso que se le dijo a rabbi Ilayi que se lo diera al gentil.

Tercero, que el pan con levadura que pertenece a un gentil, aún si quedó de la Pascua, puede ser utilizado por un israelita después de la Pascua.

Antes de que rabbi Gamaliel llegara a Khazib, se le pidió que anulara un voto. Dijo rabbi Gamaliel a sus acompañantes: "¿Hemos bebido un cuarto de log de vino italiano?"

Ellos respondieron: "Si, bebimos."

"Entonces" dijo rabbi Gamaliel, "caminemos un poco y que nos siga el hombre hasta que los efectos del vino desaparezcan."

Así caminaron por 3 kilómetros. Cuando llegaron a los escalones que llevaban a la ciudad de Tiro, rabbi Gamaliel desmontó, se envolvió en una túnica, se sentó y anuló los votos del hombre.

Y de estas acciones podemos aprender muchas cosas, a saber, que un cuarto de log de vino italiano puede embriagar a un hombre.

Que cuando la persona está embriagada, no debe decidir ninguna cuestión legal.

Que una caminata neutraliza los efectos del vino y que un voto no debe ser nulificado mientras se cabalga, se está de pie o se camina, sino estando sentado.

Así vemos que una caminata de 3 kilómetros es necesaria para destruir los efectos del vino. ¿Cómo se puede decir entonces que un kilómetro es suficiente? En caso de embriagarse con vino italiano es diferente, porque ese vino es muy fuerte, pero en caso de vino ordinario, una caminata de un kilómetro es todo lo que se necesita.

El maestro dijo: "Uno no debe dejar el pan."

Dice rabbi Yohanan en el nombre de rabbi Shimeon bar Yojai: "Esto fue dicho en las generaciones tempranas, cuando las hijas de Israel no practicaban la brujería, pero en las generaciones cuando empezaron a practicar brujería, uno debe dejar el pan, por riesgo de que está embrujado."

Hemos aprendido en una *Boraitha*: "Los panecillos completos de pan deben dejarse tirados, porque pueden estar embrujados, pero pedazos de pan no, porque no hay temor de que estén embrujados."

(TE, Capítulo VI, Mishná I)

COMENTARIO

Tenemos dos motivos relacionados en una misma discusión: El primero sobre el vino y el segundo sobre el pan. Este tipo de diégesis donde se relacionan dos historias es característica de la Biblia, con ejemplos como Números 11, donde se mezclan las historias de la provisión de codornices en el desierto con la de la estipulación de jueces ayudantes de Moisés; O bien Mateo 9:18, donde también se entrelazan la historia de la mujer con flujo de sangre con la de la hija muerta del hombre principal que le pide por su sanidad al Mashíaj.

Cuando encontramos este tipo de historias enlazadas en su diégesis, es que existe una relación entre ambas, como en el caso de la historia de Números 11, donde la codicia del pueblo por carne es comparable a la codicia por el poder, o en el caso de la historia de Mateo 9, donde ambas mujeres están relacionadas por el número doce: La primera padeciendo doce años de flujo de sangre, la segunda con doce años de edad, es decir, ambas relegadas por los tabúes sociales de la sociedad hebrea de esos tiempos.

En la discusión talmúdica que nos concierne, la reflexión gira en torno al vino, que dentro del judaísmo, durante la celebración en el Shabbath, se convierte en un deber ritual beber una cantidad de vino que no emborrache al individuo.

No debe sorprendernos que el vino sea una bendición de Yajleel, de Aquel que Espera, durante un día perfectamente estipulado y en una cantidad específica, puesto que los seguidores del Camino de la Fe también tenemos este mismo concepto cuando hablamos del vino de consagración que se ingiere durante los servicios religiosos, y que tiene como finalidad recordar la sangre de Yeshúa HaMashíaj que fue derramada en la cruz para el perdón de los pecados, como dice Lucas 22:20.

Con estos antecedentes, la discusión entonces no gira en torno a la prohibición de beber vino, sino al momento, al lugar, y a la cantidad en que se bebe y sobre todo, al hecho de no realizar acciones de tipo religioso ni legal en estado de ebriedad.

Si bien, cualquier acción legal que emprenda un individuo en estado de ebriedad tendrá validez oficial, no sucederá lo mismo cuando se trata de acciones religiosas, y esto nos enseña el profundo respeto que debemos tener hacia las cosas del Eterno, y sobre todo, la consciencia de lo que estamos haciendo, tal y como en 1 Corintios 14:15 el rabino Pablo nos exhorta a orar con el entendimiento, es decir, sabiendo lo que estamos diciendo.

Y esto es comparable al pan que se puede encontrar tirado en los caminos, porque sea que esté contaminado o no con brujería, lo mejor es dejarlo ahí, es decir, que el vino, esté o no permitido beberlo en cierta cantidad, lo mejor es mantenerse completamente sobrio, recordando que en 1 de Corintios 6:10 establece que los borrachos no heredarán el reino de los Cielos.

Todo lo que hagamos, hagámoslo para agradar al Señor.

―❧ ∞ ❧―

Porque no contenderé para siempre, ni para siempre me enojaré.
(Isaías 57:16)

Los discípulos de rabbi Eliezer ben Jacob enseñaron: "Cuando aparecen los términos *Netsaj* (נצח) —para siempre—, *Selah* (סלה) —Silencio—, ɔ *Vaed* (ועד) —Eternamente—, significa que será para siempre pero sin ninguna interrupción."

"En cuanto al término *Netsaj* (נצח) —para siempre—, por lo que está escrito en el citado verso: —Porque no contenderé *nétzaj* (נצח), para siempre—."

"En cuanto al término *Selah* (סלה) —Silencio—, por lo que en el Salmo 48:8 está escrito:

Como lo oímos, así lo hemos visto en la ciudad del Eterno de los ejércitos, en la ciudad de nuestro Señor; la afirmará el Señor para siempre. Selah.

"En cuanto al término *Vaed* (ועד) —Eternamente—, por lo que en Exodo 15:18 está escrito:

El Eterno reinará eternamente y para siempre.
(TE, Capítulo II, Mishná I)

COMENTARIO

El término Selah (סלה), que aparece únicamente en el libro de los Salmos, y que algunos exégetas piensan que se trataba de algún señalamiento para los músicos o para los salmistas que indicaba alguna especie de silencio, pero que en realidad se desconoce su significado, es reinterpretado en el Talmud como un término equivalente a la eternidad.

Mediante esta reinterpretación, nos señalan que la humanidad, desde que su memoria histórica lo ha permitido, ha fluctuado en lapsos donde a veces ha reinado el Eterno, como la época de los reyes de Israel, o donde ha reinado el hombre, como nuestra época actual, o donde reinará Satanás, como dice Apocalipsis 20:3, cuando describe cómo al Diablo le será entregada la tierra por un tiempo.

La mención talmúdica de que cuando los términos "Silencio, Eternamente" y "Para Siempre" aparezcan juntos es interesante, porque en ninguna parte en el Antiguo Testamento aparecen las tres palabras juntas, de modo que entendemos que cuando se cumpla el tiempo escatológico del establecimiento del Reino de los Cielos, este no tendrá fin y terminarán las fluctuaciones del hombre.

Eheyé Asher Eheyé, Aquel que Será y su Mashíaj Yeshúa, establecerán un reino eterno que no será conmovido jamás. Los seguidores del Camino de la Resurrección heredaremos este reino en el Olám HaBáh, en el Mundo Venidero, y reinaremos como reyes y sacerdotes junto con nuestro Señor, como dicen las Escrituras.

Jeremías

Establécete señales.
(Jeremías 31:21)

Rabbi Hisda dijo: "La Toráh no puede ser memorizada sino por medio de señales, como está escrito en el citado verso, que hay que leer: —Establécete señales en la boca—."

Rabbi Tajlifa de Palestina escuchó esto y cuando llegó a su casa lo repitió en presencia de rabbi Abbahu.

Dijo rabbi Abbahu: "Tú aprendiste esto de ese versículo, pero nosotros derivamos —Establécete señales— interpretándolo como establecer señales en la Toráh."

Esto de acuerdo a lo que dice Abhdimi bar Hama bar Dosa, con base a lo que en Deuteronomio 30:12-13 está escrito:

No está en el cielo ... Ni está al otro lado del mar.

"—No está en el cielo— que quiere decir que si estuviera en el cielo, tendría uno que tomarla desde allí, y —Ni está al otro lado del mar— implicando que aunque estuviera más allá del mar, tendría uno que ir allá."

Rabha dice: "—No está en el cielo— significa que el conocimiento no puede encontrarse en un hombre que se crea tan alto como el cielo, y: —Ni está al otro lado del mar— significa que el conocimiento tampoco puede estar en una persona que considere su opinión tan vasta como el océano."

Rabbi Yohanan dice: "—No está en el cielo— se refiere a aquellos que se sienten grandes de acuerdo a su propia opinión, mientras que —Ni está al otro lado del mar— se aplica a aquellos que trabajan con ahínco en el mar y están constantemente comprometidos con el tráfico de mercancías."

(TE, Capítulo V, Mishná I)

COMENTARIO

Se constituye una necesidad, la de establecer señales en la Toráh para tener puntos de referencia más concretos, una referencia profética a la división en versículos y capítulos del Antiguo Testamento que se realizó en 1205 AD por Stephen Langton, y en 1400 AD del Nuevo Testamento. Robert Estienne fue el primero en numerar los versículos de los ya divididos capítulos en 1551 AD del Nuevo Testamento y en 1571 AD del Antiguo Testamento.

Por otra parte, de acuerdo al judaísmo, una sola letra tiene veintidós interpretaciones, ¿cuánto más una palabra, una frase y un versículo? El Talmud nos muestra desde la explicación más exegética de un versículo, hasta la más metafórica.

Pero también hay una enseñanza moral, ya que el conocimiento de Deuel, de Aquel que Opina y de su hijo Yeshúa HaMashíaj está al alcance de nosotros si tenemos una Biblia cerca, sin embargo, no podremos aprender si somos arrogantes, pretensiosos, altivos o estamos demasiado ocupados con los asuntos del mundo, tal como dice Mateo 13:22, que la palabra se ahoga por los afanes y los engaños de las riquezas.

MIQUEAS

El mejor de ellos es como el espino; el más recto, como zarzal; el día de tu castigo viene, el que anunciaron tus atalayas; ahora será su confusión.
(Miqueas 7:4)

Un saduceo dijo a rabbi Yehoshúa ben Hananiah: "Ustedes los israelitas son comparados a espinos, porque el citado versículo hace referencia a ustedes:—El mejor de ellos, es como el espino—."

Respondió rabbi Yehoshúa: "Mira más adelante en el verso, saduceo tonto, donde dice: —el más recto, como zarzal—, donde los zarzales se utilizan como cercas para llenar los espacios en las paredes, tal y como el recto entre nosotros, que es un escudo para todo el malvado."

(TE, Capítulo X, Mishná IX)

COMENTARIO
La Biblia tiene muchas interpretaciones, y la podemos usar para denigrar y destruir a los demás, o como se dice comúnmente, para dar bibliazos a la gente.

Esto no debe ser así, ya que es un libro que sirve para

nutrirnos, edificarnos y edificar a los demás. Los pasajes debemos leerlos completos para no descontextualizarnos y perder el sentido original del mensaje. Si se trata de un texto que acuse nuestras debilidades o nuestros defectos, su función es la de hacernos recapacitar para que nos transformemos en mejores personas.

La defensa del rabino Yehoshúa es muy profunda, porque nos hace entender el valor de los hombres y mujeres que siguen el Camino de la Fe y que diariamente doblan rodilla para interceder por nuestras necesidades, levantando un cerco espiritual para que prosperemos en nuestras empresas y seamos protegidos en la hora de la prueba.

ZACARÍAS

He aquí un varón que tenía en su mano un cordel de medir. (Zacarías 2:1)

Hemos aprendido en una *Boraitha* que rabbi Yehoshúa ben Hananiah dijo: "No hay nada mejor que medir con una cadena de metal, ¿pero qué podemos hacer con lo que está escrito en el citado versículo que dice que —tenía en su mano un cordel de medir?—."

"Está escrito en Ezequiel 40:3

He aquí un varón ... y una caña de medir en su mano

"Sin embargo, el versículo de Ezequiel hace referencia a la medida de las puertas del Templo."
(TE, Capítulo V, Mishná III)

COMENTARIO

Lo que más me sorprende del judaísmo es el intento consciente de vincular las situaciones más comunes de la vida con las Sagradas Escrituras.

Es una forma de involucrar a Hael Hagadol Vehanorá, a

Aquel que es Grande y Temible en sus vidas cotidianas. Algo que deberíamos aprender, ya que el Eterno está interesado en los aspectos que para nosotros nos parecen más superficiales.

El texto talmúdico hace mención de dos instrumentos de medición: El cordel y la caña, y de acuerdo a los rabinos que lo interpretan, el cordel se utilizaba para medir distancias largas, mientras que la caña era para espacios que requerían mayor detalle.

Es comparable a la lectura bíblica: Entender un pasaje en su totalidad es medirlo con cordel, profundizar en una palabra o en un versículo específico, sería medirlo con la caña, que abrirá puertas a nuevas interpretaciones.

MALAQUÍAS

He aquí, yo os envío el profeta Elías, antes que venga el día del Eterno, grande y terrible.
(Malaquías 4:5)

Vengan y escuchen, si alguien dice: "Yo quiero ser nazareo en el momento en que venga el Mesías."

Entonces puede beber vino durante el Shabbath en alguna festividad religiosa, pero no lo puede hacer entre semana, porque el Mesías puede venir en cualquier momento.

Por eso mismo, porque el Mesías puede venir en cualquier momento, el nazareo no debía beber vino ni siquiera en esos días.

He aquí que como está escrito en el citado versículo, si Elías no viene antes del Shabbath, la persona puede beber vino durante el Shabbath.

Pero si esto fuera así, podría la persona también beber entre semana, ya que Elías no vino el día anterior.

Se puede asumir, de cualquier manera, que Elías ya vino y se presentó delante de la Corte Celestial, y por esa razón el hombre no debía beber vino en ningún día, a menos que Elías no hubiera venido todavía, ¿entonces aplicaría solamente para el Shabbath?

Hay una tradición entre los israelitas que asegura como un hecho real, que Elías no vendrá en la tarde de Shabbath o durante un festival.

Si esto es así, ¿por qué al nazareo no se le permite beber vino en la tarde de Shabbath?

Porque aunque Elías no fuera a venir en la tarde de Shabbath o durante un festival, el Mesías mismo sí podría hacerlo.

(TE, Capítulo IV, Mishná I)

COMENTARIO

La insistencia sobre el vino es porque durante el Shabbath se le bendice, de modo que se está tomando una copa, no por el placer del sabor, sino por la bendición que lleva el vino. Para contextualizarlo con costumbres occidentales, estaríamos hablando del vino de consagrar que se ofrece durante la Santa Cena.

Ahora bien, el voto nazareo consistía en dedicarle abstinencia total a El Mejoleleja, a Aquel que está desde el Principio, a lo que entendemos que aunque romper el voto no sería del todo grave, lo mejor sería guardarlo completamente.

Aquí podríamos aplicar lo que dice el rabino Pablo en Romanos 14:6, que cuando hagamos algo para el Eterno, lo hagamos convencidos de lo que estamos haciendo, de modo que si alguien quiere guardarse de beber vino, bien hace, y si otro quiere guardarse de ciertos alimentos, también lo hace bien, porque lo está haciendo con la convicción de la fe.

II
INTERPRETACIONES TALMÚDICAS DEL NUEVO TESTAMENTO

MATEO

¿Por qué tus *talmidim* quebrantan la tradición de nuestros jueces? ¡Pues no se lavan las manos cuando van a comer el pan! (Mateo 15:2)

"No necesitan lavarse las manos antes de los alimentos" dijo Abaye: "Pero esto hace referencia solamente al lavado de las manos antes de los alimentos, pero después de los alimentos es incluso necesario."

Rabbi Hiya bar Ashi dijo: "¿Por qué los sagues ordenaron el lavamiento de manos después de los alimentos? Porque entre la sal que se utiliza en la mesa, puede haber sal de Sodoma, y cuando la mano que tocó la sal de Sodoma hace contacto con los ojos, los ciega."

"Pueden quedar ciegos aunque haya un solo grano de Sodoma en un kur entero de sal ordinaria."

(TE, Capítulo I, Mishná VII)

COMENTARIO
Más que la sal de Sodoma, en realidad la historia hace referencia a la sal que se obtiene del Mar Muerto: Cuando la

gente nada en el Mar Salado, la principal recomendación es mantener los ojos alejados del agua, que ciertamente puede llegar a ser muy peligrosa, causando incluso ceguera.

La historia del Talmud es de gran importancia para entender el Nuevo Testamento y algunas de las actividades que realizaba Yeshúa HaMashíaj junto con sus discípulos y que a primera vista nos parece que eran fuertemente criticados por los fariseos, como lo menciona el versículo de Mateo 15:2. Sin embargo, podemos percatarnos de que no todos los fariseos compartían las mismas opiniones, y que algunos, como en esta historia, no veían tan grave que Yeshúa HaMashíaj y sus discípulos comieran sin haberse lavado las manos antes.

Por otra parte, el Talmud da una explicación lógica de por qué es necesario lavarse las manos: Por mera higiene personal.

_ɔ ∞ ɔ_

Todo lo que permitas en el cielo, será permitido en la tierra y todo lo que prohibas en la tierra, será prohibido en el cielo.
(Mateo 16:19)

Hemos aprendido en una *Boraitha* que R. Aquiba dijo: "Rabbi Ishmael nunca dijo tal cosa, pero su discípulo lo dice con su propia autoridad y la Halajá prevalece de acuerdo al discípulo."

Los rabinos preguntaron en lo que parecía una contradicción: "¿No es esto una afirmación contradictoria? Primero, él dice que rabbi Ishmael no pudo haber dicho tal cosa, por ejemplo, que la Halajá no es así, y luego dice que la Halajá prevalece de acuerdo al discípulo?"

Dice rabbi Yehuda en el nombre de Samuel: "Rabbi Aquiba dijo esto solamente para alentar a sus discípulos a que ellos pronunciaran decretos en su propia autoridad."

Rabbi Nahman bar Yitzják dice: "Rabbi Aquiba en realidad

dijo que rabbi Ishmael no hizo tal declaración, sino que el decreto de su discípulo era correcto y debía prevalecer."

(TE, Capítulo I, Mishná II)

COMENTARIO

Dentro del judaísmo encontramos escuelas de pensamiento donde los discípulos de tal o cual maestro hablan en su nombre. Esta tradición se puede rastrear tan tempranamente como en los tiempos de los profetas, donde algunos eruditos opinan que Isaías, por ejemplo, no escribió todas sus profecías, sino que había una escuela que utilizaba el nombre de Isaías para decir sus profecías.

En el Nuevo Testamento tenemos el ejemplo más concreto de esta práctica, que son las enseñanzas del rabino Pablo, a quienes algunos han acusado de desviar el mensaje de Yeshúa HaMashíaj al incluir al pueblo gentil dentro del plan de salvación, ya que, alegan en su contra, Yeshúa HaMashíaj vino nada más a salvar al pueblo hebreo.

A pesar de las acusaciones, Pablo hablando en nombre de Yeshúa HaMashíaj es Pablo teniendo toda la autoridad del maestro para hacer sus propios decretos, y que están totalmente respaldados por la autoridad celestial, como lo dice en Gálatas 2:20.

De ahí la verdadera interpretación del citado versículo que proporciona la máxima autoridad al líder congregacional para adaptar reglas y ordenanzas de acuerdo a las necesidades de la comunidad, siempre y cuando su voluntad sea acorde con la de Elokim Jaím, con la de Aquel que Vive.

LUCAS

Porque todo el que se enaltece, será humillado; y el que se humilla, será enaltecido.
(Lucas 14:11)

Dijo rabbi Abba en el nombre de Samuel: "Tres años discutieron las escuelas de Shammai y de Hillel. Una escuela decía que la Halajá prevalece de acuerdo a su propia opinión, y la otra clamaba que sus decretos debían prevalecer."

"Finalmente se escuchó una voz celestial en torno de la discusión de ambas escuelas acerca de las palabras del Viviente, y la Halajá prevaleció de acuerdo a la escuela de Hillel."

"Ahora, si es cierto que ambas escuelas discutían acerca de las palabras del Viviente, ¿por qué la escuela de Hillel fue favorecida?"

"Porque los miembros de la escuela de Hillel eran modestos y pacientes, y siempre repetían las palabras de la escuela de Shammai. No sólo esto, sino que siempre le daban su lugar a la escuela de Shammai citando a sus representantes, como hemos aprendido en el Tratado de Sukkah, cuando le dijo la Casa de Hillel a la Casa de Shammai: —¿No sucedió que los más ancianos de las escuelas de Shammai y de Hillel fueron juntos a visitar a rabbi Yohanan el hijo de Hajoranis?—, y aquí se menciona primero a la escuela de Shammai, dándole su lugar antes que a la escuela de Hillel."

"De aquí aprendemos que todo aquel que se humilla es levantado por el Santo Uno, bendito sea, mientras que quien es arrogante es humillado por el Santo Uno, bendito sea."

"Aquel que busca la grandeza, la grandeza escapará de él, mientras que aquel que esquiva la grandeza, cosechará grandeza."

"Aquel que fuerza el tiempo para hacerse rico, la fortuna le será contraria y al tiempo le oprimirá, mientras que aquel que aguarda su tiempo, será asistido por el tiempo."

Los rabinos enseñaron: "Dos años y medio estuvieron discutiendo las escuelas de Shammai y de Hillel. Una escuela decía que era mejor que el hombre no hubiera sido creado como es, mientras la otra declaraba que fue mejor que el hombre fuera creado como es, a no ser creado."

"Finalmente llegaron a la conclusión de que habría sido mejor que el hombre no hubiera sido creado, pero ya que así sucedió, un hombre debería siempre examinar sus acciones, y de acuerdo a otra versión, un hombre siempre debía considerar sus deberes a realizar."

(TE, Capítulo I, Mishná II)

COMENTARIO

No debe sorprendernos la gran similitud entre la escuela de Hillel cuando afirmaba que: *"todo aquel que se humilla, será exaltado por el Uno Santo,"* y las enseñanzas de Yeshúa HaMashíaj que se mencionan en Mateo 23:3 donde dice que *"todo el que se humilla, será enaltecido,"* porque finalmente ambos compartían ideales de humildad, amor y tolerancia, como hemos resaltado en este manuscrito.

En esta primera historia aprendemos que el camino por

excelencia para crecer espiritualmente es el de la humildad: La humildad que nos permite reconocer los logros incluso de aquellos que pensamos que no saben; La humildad de saber escuchar lo que tiene que decirnos el más indigno de los individuos; La humildad, en fin, de reconocer la sabiduría en cualquier persona que nos quiere enseñar algo nuevo.

Tolerar, escuchar y sobre todo respetar las opiniones de los demás nos harán encontrar con mayor facilidad nuestro camino hacia un mejor crecimiento espiritual.

En la práctica, con la segunda historia, podemos entender que aunque dos personas o grupo de personas tengan ideas diametralmente opuestas, pueden llegar a un entendimiento siempre y cuando estén abiertas a escuchar, respetar y pensar los puntos, opuestos o no, del otro.

Debemos entender también que no importa cuánto tiempo se tarden dos opuestos en llegar a un acuerdo, mientras puedan compartir ideas y tener un mutuo entendimiento.

⁓ ❧ ❦ ☙ ⁓

HECHOS

Entonces Pablo, notando que una parte era de saduceos y otra de fariseos.
(Hechos 23:6)

Rabbi Yehuda sostiene que el saduceo es considerado como un gentil, y hemos aprendido en una Mishná que rabbi Gamaliel dijo: —Deja que el saduceo traiga sus vasijas—."

"Esto no presenta ninguna dificultad. Hay dos tipos de saduceos: El primero que viola públicamente el Shabbath y es considerado como un gentil, y el segundo que lo hace de manera secreta, y que no es considerado como un gentil."

De acuerdo a la opinión de de rabbi Yehuda: "Aquel que públicamente viola el Shabbath, no puede volver a establecer su lugar."

(TE, Capítulo VI, Mishná I)

COMENTARIO
A veces pensamos en el judaísmo del primer siglo como una entidad sólida, sin entender los diferentes matices que conformaban a una sociedad polifacética y pluricultural, pero había diferentes escuelas que convergían en los tiempos de

Yeshúa HaMashíaj, y algunas de ellas eran antagónicas en sus perspectivas.

Es este antagonismo el que utilizara el rabino Pablo para dividir a la asamblea en busca de su libertad cuando en el libro de los Hechos 23:6, se percata de que sus acusadores son en parte fariseos y en parte saduceos, de modo que muy inteligentemente se levanta en mitad de la asamblea y con fuerte voz dice que a causa de la resurrección de los muertos es juzgado.

Con esto logra el apoyo de los fariseos.

III

HECHOS RABÍNICOS

LAS HISTORIAS RABÍNICAS

LA HISTORIA RABÍNICA

Dijo Rabha: "Me siento actualmente en la misma condición que cuando Ben Azai estaba en los mercados de Tiberias."

Y es que Ben Azai solía leer la Toráh en los mercados de Tiberias, y en su tiempo era el más sagaz de todos los sagues, de modo que un día dijo: "Comparados conmigo, todos los sagues de Israel son como la piel del ajo, excepto la misma cabeza de ajo sin piel, refiriéndose a rabbi Aquiba."

(TE, Capítulo III, Mishná I)

COMENTARIO

Los rabinos talmudistas estaban en lucha por tener el más alto prestigio, sin embargo, aunque sabían que sus conocimientos excedían en mucho a sus contemporáneos, tenían la humildad de reconocer a los maestros que podían superarles en sabiduría.

Cuando uno se ha codeado en la vida con gente que en

mucho excede nuestros conocimientos, aprendemos a valorar la sabiduría en los demás y a darnos cuenta de que la gente que nos rodea es muy valiosa.

Es importante que aprendamos a reconocer nuestra capacidad, pero es más importante reconocer la capacidad de los demás.

_⁓ ⁓ ⁓_

LA HISTORIA RABÍNICA

Rabbi Yoséf dijo: "Vi a unos persas comiendo carne asada sin pan."

Respondió Abaye: "¿Son los persas la mayoría en el mundo entero?"

(TE, Capítulo III, Mishná I)

COMENTARIO

El impacto cultural, social y político de otras naciones fue algo con lo que el judaísmo tuvo que batallar durante mucho tiempo: primero Babilonia y Egipto en tiempo de los profetas, luego llegaron los griegos durante el Período Heleno, donde la influencia cultural fue tan fuerte que los judíos se sometían a operaciones quirúrgicas dolorosísimas para revertir la circuncisión. Fue la invasión cultural helena lo que condujo a la Revuelta Macabea. Años más tarde el judaísmo estaría influido poderosamente por el Islam.

Las influencias culturales empiezan con cosas tan sencillas como la comida, y luego entran sutilmente hasta transformar la cosmovisión, las tradiciones y las costumbres de un pueblo.

Podemos verlo hoy en día, donde el consumismo ha invadido prácticamente todo el globo terráqueo con restaurantes de comida rápida, y junto con ello, toda esta idea de aparatos que sirven por poco tiempo y tienen que ser renovados constantemente por nuevas tecnologías.

_⁓ ⁓ ⁓_

LA HISTORIA RABÍNICA

Los rabinos enseñaron: "Hay tres cosas que hacen que el hombre realice obras en contra de su voluntad y en contra de la voluntad de su Creador: idolatría, espíritus malvados y acentuada pobreza."

¿Con qué propósito los rabinos nos dicen esto? Para que oremos al Eterno y seamos librados de esos males.

(TE, Capítulo IV, Mishná I)

COMENTARIO

El libro de Romanos 1:25-27, nos dice que cuando andamos en idolatrías, Zeroot Olám, Aquel cuya Semilla es Eterna, nos entrega a pasiones vergonzosas y a lascivias homosexuales, lo cual explicaría por qué los paganismos nos llevarían a cometer actos en contra de nuestra propia naturaleza humana.

La posesión por parte de espíritus malvados, lo cual es una realidad para quienes han realizado pactos mediante lectura de cartas, horóscopos y cualquier otro tipo de brujerías, lleva al poseso a perder control de su cuerpo.

Debemos reflexionar en la mención de la pobreza extrema, que es causada por el mismo ser humano en ese desenfreno por acaparar riquezas y por fomentar la desigualdad.

El Talmud nos llama a creer en el Señor, sí, a alejarnos de prácticas abominables, también, pero antes que nada nos insta a reflexionar en nuestra avaricia que nos lleva al desequilibrio social y a la extinción.

⁓ ⚘ ⁓

LA HISTORIA RABÍNICA

Los rabinos enseñaron: "Tres tipos de personas nunca irán a la Gehena: Aquel que sufre de pobreza extrema; Aquel que sufre un padecimiento estomacal y aquel que es oprimido por el gobierno, y hay quienes añaden que también aquellos que son afligidos por una mala esposa."

¿Por qué este último no es mencionado primero? Porque si uno tiene una mala esposa, debería divorciarse.

Quienes afirman que aquellos que sufren con una mala esposa no irán a la Gehena, hacen referencia a quienes no pueden pagar para llegar a un acuerdo con sus mujeres, o aquellos que teniendo hijos no pueden divorciarse de sus cónyuges.

¿Con qué propósito nos dicen esto los rabinos? Con el fin de que el hombre que pasa por estas penurias, las acepte con resignación.

(TE, Capítulo IV, Mishná I)

COMENTARIO

Cuando se escribió el Talmud, el gobierno romano afligía a los pueblos conquistados con grandes sumas de impuestos y castigaba con torturas severas que podían terminar en muertes dolorosísimas, como lo fue la cruz, a los individuos que se oponían al régimen, aunque lo hicieran solamente de manera ideológica.

Pablo exhorta a Timoteo en 1 Timoteo 5:23 a beber vino como remedio a las frecuentes enfermedades estomacales que sufría, porque no existían curas ni remedios eficaces para los padecimientos gastrointestinales que la mayoría de las veces eran ocasionados por parásitos en el agua. Recordemos que los antibióticos aparecieron hace muy poco tiempo y que la muerte por beber agua de los ríos arremetió a la raza humana por siglos.

A estos males se los compara con la mujer que hace imposible la convivencia conyugal. En este caso, la exhortación de los rabinos es a tolerar y a intentar cambiar la situación matrimonial mediante el diálogo y la humildad, que es mencionada como resignación.

LA HISTORIA RABÍNICA

Tres clases de seres humanos mueren en posesión de su poder de habla: El hombre que sufre de enfermedades estomacales; La mujer que yace; El hombre que sufre de gota.

¿Con qué propósito nos es enseñado esto? Para que las mortajas se vayan preparando para tal tipo de personas.

(TE, Capítulo IV, Mishná I)

COMENTARIO

Como hace dos mil años, hoy en día también existen enfermedades incurables pero que toman su tiempo para extinguir a la persona, como el cáncer y otros padecimientos terminales que le permiten al ser humano arreglar sus asuntos terrenos antes de partir.

Parece una perspectiva fría y desalentadora, pero por una parte, cuando sentimos que la vida se nos va, estamos llamados a hacer las paces con nuestras familias y a saldar cuentas con nuestros acreedores, o perdonar a nuestros deudores, sabiendo que nada nos llevaremos de este mundo.

Y también puede ser un buen tiempo para arreglar los asuntos legales, como herencias y testamentos, para no dejar problemas a nuestros hijos o a las personas que continuarán nuestra obra.

―⦿ ◈ ⦿―

LA HISTORIA RABÍNICA

Le preguntaron a Rabha: "¿Qué dice la Toráh con respecto a alguien que, habiendo caminado su máxima distancia en Shabbath, es compelido a caminar más obedeciendo al llamado de la naturaleza?"

Respondió: "Grande es el honor del hombre, que va más allá incluso de un mandamiento bíblico negativo."

(TE, Capítulo IV, Mishná I)

COMENTARIO

Dentro de esta historia hay un principio fundamental mencionado por Yeshúa HaMashíaj en Marcos 2:27, donde se nos dice que el día de reposo se hizo para servir al hombre y no lo contrario.

Aunque a veces pensamos que el judaísmo es de lo más estricto cuando se trata de guardar las leyes bíblicas, nos damos cuenta de que en la práctica esto no es así, sino que siempre existen excepciones, casos de emergencia, en los que es permitido quebrantar la Toráh sin tener ninguna culpa, sobre todo cuando se trata de necesidades fisiológicas.

⁓ ↬ ∽ ↫ ⁓

LA HISTORIA RABÍNICA

Rabbi Yohanan dijo: "Como era rabbi Meir en su generación también lo era rabbi Oshiya el Grande en sus días."

"En cuanto a rabbi Meir, sus colegas de esos días nunca podían llegar a conclusiones finales, igual que con rabbi Oshiya, que sus colegas nunca podían desentrañar sus últimas conclusiones."

(TE, Capítulo V, Mishná I)

COMENTARIO

Como son los seguidores, también es el líder.

Lo mismo sucede en las relaciones interpersonales. Cuando miramos a las personas que nos rodean, la mayoría de las veces encontraremos entre ellas personalidades muy similares a las nuestras.

De igual manera, si queremos saber cómo es un líder, basta mirar a sus seguidores, que han aprendido y aprehendido todo lo concerniente a su guía: Sus puntos positivos, pero también los negativos.

Debemos entender entonces que somos modelos y modeladores que ejercemos influencia en mayor o en menor medida, dependiendo del número de gente con la que nos rodeamos, que puede ser desde nuestra familia hasta un grupo de trabajo.

Enseñemos lo mejor de nosotros a los demás.

_·c_ ❧ _o·_

LA HISTORIA RABÍNICA

Rabbi Yohanan dijo: "El corazón de los primeros sagues era tan ancho como el porche del Templo, mientras que el corazón de los últimos sagues era tan ancho como los portones del Templo, pero nuestros corazones son tan estrechos como el ojo de una aguja de hilar."

¿A quién se refiere con los —primeros sagues? — A rabbi Aquiba.

¿A quién se refiere con los —últimos sagues? — A Rabbi Elazar bar Shamua, y de acuerdo a otra versión se refiere a rabbi Elazar ben Shamua y a Oshiya el Grande, respectivamente.

(TE, Capítulo V, Mishná I)

COMENTARIO

Cuando nos comparamos con las grandes figuras de antaño y sus grandes logros, como Yeshúa HaMashíaj o el rabino Pablo, entendemos cuán poco hemos hecho de nuestras vidas, y más aún, cuán pequeños han sido nuestros corazones ensimismados en nosotros mismos, y no en la humanidad.

Un gran corazón es comparable al porche del Templo, que acoge a un gran número de individuos, pero también es comparable a los portones del Templo, que en sentido figurado son la exposición más pura de nuestros verdaderos sentimientos.

Normalmente ocultamos nuestros sentimientos, sea por miedo a ser heridos, o bien por considerar oscuros nuestros pensamientos íntimos. El individuo que sabe ser cristalino es una persona respetada por la mayoría.

_·c_ ❧ _o·_

LA HISTORIA RABÍNICA

Dice Abaye: "Cuando hablamos de explicaciones, somos como un clavo incrustado en una dura pared." Es decir, que lo que escuchamos lo entendemos muy poco y con mucha dificultad.

Dice Rabha: "También somos como un dedo incrustado en un pastel de cera." Es decir, que estamos tan embotados de comprender lo concerniente a las comparaciones, que poco queda en nosotros, como el dedo que ha salido de la cera."

Dice rabbi Ashi: "Y podríamos decir que es tan fácil para nosotros olvidar lo que hemos aprendido, como es de sencillo poner un dedo en el hoyo de un pozo."

(TE, Capítulo V, Mishná I)

COMENTARIO

Una vez que hemos formado nuestro carácter, es decir, después de la adolescencia, nos cuesta cambiar y aprender cosas nuevas, y entre más tiempo pasa y nos hacemos más y más viejos, idéaticos y necios, más difícil se hace el cambio en nuestras vidas, y lo que es peor, se acentúan nuestros defectos de carácter.

En una ocasión me tocó lidiar con un tecladista de nuestra congregación, que se negaba a aprender nada de mí.

Debemos cambiar nuestra actitud hacia el aprendizaje: En vez de creer que lo sabemos todo, debemos darnos cuenta de que siempre aprenderemos cosas nuevas, y que si algo hemos aprendido, no está de más volverlo a aprender de otra manera, como 1 Corintios 8:2 dice que aún no sabemos nada como realmente deberíamos saberlo.

Por otra parte, las cosas buenas que escuchamos, debemos ponerlas en práctica, antes de que pasemos a otros asuntos y las releguemos, porque somos oidores olvidadizos, como dice Santiago 1:22.

LA HISTORIA RABÍNICA

Rabbi Yehoshúa ben Hananiah dijo: "Nunca he estado desconcertado en mi vida por nadie, a excepción de los casos de una mujer, un niño y una niña pequeña."

"La situación con la mujer ocurrió cuando una vez estuve viviendo en la casa de una viuda. En la comida ella me sirvió un plato de frijoles y me los comí sin dejar ninguno. En el segundo día ella me dio el mismo plato, el cual también consumí entero. En el tercer día ella hizo el platillo demasiado salado y después de probarlo, naturalmente no lo pude comer y lo dejé."

"Entonces me dijo: —¿Rabbi, por qué no comes?—"

"Respondí que ya había comido durante el día."

"Entonces ella me dijo: —Deberías comer menos pan—, y continúo diciendo: —Quizás porque no dejaste restos para las viudas en los primeros dos días, ahora dejas lo equivalente a los tres días, y es que, ¿no nos han enseñado nuestros sagues que los restos de comida no deben tomarse de las ollas sino de los platos donde se sirve la comida? — "

"La situación con la niña pequeña sucedió como sigue: Una vez estaba viajando en un camino y viendo un campo de siembra ya trillado, tomé ese rumbo."

"Me dijo una pequeña niña: —¿Rabbi, no es este un campo de siembra ya trillado el que usted está atravesando? —."

"Yo le respondí entonces, que como ya estaba trillado, por eso mismo lo estaba atravesando."

"Entonces ella me dijo: —Efectivamente, está trillado porque lo han atravesado muchos ladrones como usted—."

"El caso con el niño pasó cuando andaba otra vez en el camino y noté que un niño estaba sentado en una encrucijada. Le pregunté qué camino llevaba a la ciudad."

"El niño me respondió: —Este camino es el más corto, pero al mismo tiempo es el más largo, y este es más largo, no obstante es más corto—."

"Tomé el camino corto, que al mismo tiempo era el más largo. Cuando llegué a la ciudad, vi que la entrada estaba rodeada de jardines y viñedos, así que tuve que retroceder sobre mis propios pasos."

"Como me encontré nuevamente con el niño de la encrucijada, le reclamé: ¿No me dijiste que esta era la ruta más corta?"

"El niño me contestó: —¿No te dije también que al mismo tiempo era la ruta más larga?—".

"Entonces besé al niño en la frente y dije: Bueno es esto, Israel, que todos tus niños sean inteligentes, grandes y chicos."

(TE, Capítulo V, Mishná I)

COMENTARIO

En cuanto al caso de la mujer del Talmud, en la historia de Mateo 14:13 donde Yeshúa HaMashíaj hace la multiplicación milagrosa de los panes y de los pescados, se nos dice que sobraron varias cestas de comida, de donde tomaron el Maestro y sus discípulos para comer, porque era costumbre que el comensal dejara comida en el plato para que el anfitrión pudiera comer.

Estando tan hambriento rabbi Yehoshúa, pensaría que la mujer comía aparte en la cocina, y no cuidó de dejarle comida, con lo que la pobre mujer habría pasado hambre durante dos días. Para no ser grosera, tuvo que salar la comida y decirle las cosas de un modo que las entendiera.

A veces estamos tan sumidos en nuestros asuntos, que nos olvidamos de los demás. Estamos tan acostumbrados a que nos sirvan, que olvidamos servir a los demás, siendo que Yeshúa HaMashíaj en Lucas 22:24 nos mandó que si queríamos ser los mayores en el Reino de los Cielos, teníamos que empezar sirviendo a todos.

En la historia de la niña aprendemos que la maldad en el mundo se ha multiplicado tanto, que ni siquiera la figura de un rabino o de cualquier otro líder religioso, inspira confianza.

Pudiera que los rabinos que habían atravesado el campo antes, argumentando que por tener un título merecían de algún privilegio especial, pasaran por el lugar y lo trillaran, uno tras otro hasta dejarlo completamente raso.

De cualquier manera, es un llamado a los líderes religiosos a ser buen ejemplo a su comunidad.

El último caso es el de ver a nuestros hijos de manera distinta. Estando en Israel, nos decían que los niños eran muy inteligentes, porque cuando aprendían a hablar, seguían las reglas de los verbos regulares; Que decían, por ejemplo: corrido, comido y por lo tanto, *rompido* en vez de roto. Los israelíes, en vez de castigar al niño por haber dicho *rompido* en vez de roto, admiraban su inteligencia porque habían aprendido la regla de los verbos.

Esto nos enseña a ser más propositivos en los comentarios hacia nuestros hijos, de manera que los edifiquemos con nuestras palabras y no que los destruyamos.

_·⊱ ❦ ⊰·_

LA HISTORIA RABÍNICA

Rabbi Huna dijo: "En un poblado donde hay hierbas debería vivir un estudioso del Talmud, porque las hierbas son baratas y sirven como buena comida, de modo que un estudioso del Talmud puede vivir de manera económica."

¿Podemos asumir entonces que las hierbas son algo bueno? ¿No hemos aprendido en una *Boraitha*, que tres cosas producen mucha pérdida, porque hacen declinar el cuerpo, y reducen quinientas veces la vista del hombre?

Esas tres cosas son: El pan burdo, la cerveza acabada de fabricar y las hierbas.

Esto no presenta ninguna contradicción porque rabbi Huna se refiere a las cebollas, los ajos y las hierbas finas, que son necesarias, mientras que la *Boraitha* se refiere a las malas hierbas.

(TE, Capítulo V, Mishná I)

COMENTARIO

Algunas veces caemos en la moralina de satanizar todo lo que nos rodea, y desechamos los conocimientos de la medicina tradicional y de la herbolaria. Al hacerlo, perdemos de vista no solamente el suelo, sino métodos naturales para recobrar la salud que muchas veces son menos dañinos que la halopatía.

Es cierto que la medicina alternativa nos puede ayudar en diversos padecimientos, debemos tener cuidado cuando la medicina tradicional se mezcla con prácticas paganas, con invocaciones de espíritus o con tradiciones que la extravían del empirismo funcional y la convierten en brujería.

_ొ ఴ ొ_

LA HISTORIA RABÍNICA

Rabbi Yehuda dijo en el nombre de Rabh: "En un poblado donde hay subidas y muchos escalones de subida y de bajada, tanto los hombres como las bestias envejecen prematuramente."

Dice rabbi Huna bar rabbi Yehoshúa: "Los pueblos de Bebiri y Benaresh, dos ciudades contiguas, que tienen muchas subidas entre ellas hacen que sus habitantes envejezcan prematuramente."

(TE, Capítulo V, Mishná I)

COMENTARIO

La ciencia nace de la observación empírica. Aun cuando los estatutos de los rabinos puedan estar equivocados, vemos el proceso mental para realizar ese tipo de afirmaciones: El cumplimiento de un estatuto.

Por otra parte, quizás rabbi Huna también esté respondiendo de manera sarcástica a la afirmación de rabbi Yehuda, porque, finalmente, el Talmud son una serie de discusiones sobre diferentes interpretaciones, perspectivas y puntos de vista rabínicos, ya que el ejercicio es saludable para quien lo practica, y subir escaleras es una manera de hacer cardio y mantener en óptimas condiciones a nuestro corazón, aunque por otra parte, subir y bajar muchas escaleras lastimará a largo plazo las rodillas.

_____

LA HISTORIA RABÍNICA

Durante la vida de rabbi Huna, rabbi Hisda decidía las cuestiones legales en Khafri.

En los días de rabbi Hisda, rabbi Hamuna decidía las situaciones en la ciudad de Hartha, que pertenecía a Argaz.

(TE, Capítulo VI, Mishná I)

COMENTARIO

El judaísmo tenía necesidad de establecer figuras que los representaran delante del gobierno romano y en general, delante de cualquier autoridad civil para resolver asuntos legales concernientes a la comunidad: Se trataba de individuos instruidos en materia jurídica que conocían las legislaciones extranjeras y que pudieran negociar, aunque preferían siempre resolver sus problemas de manera autónoma. Una idea similar está escrita en 1 Corintios 6, donde el rabino Pablo amonesta a la iglesia naciente a resolver sus problemas entre ellos mismos, sin acudir a jueces externos.

Por otra parte, la historia talmúdica nos menciona que a pesar de que dentro de la misma comunidad vivían dos personajes de gran renombre, sólo uno de ellos había sido seleccionado para tomar decisiones.

A veces pensamos que por estar mejor preparados que alguno de nuestros líderes, deberíamos ocupar su lugar, y sin embargo, en la medida en que respetemos y reconozcamos el valor de los demás, en esa misma medida creceremos espiritualmente.

_____

LA HISTORIA RABÍNICA

Rabbi Preida tenía un discípulo a quien le tenía que enseñar cuatrocientas veces el mismo concepto para que lo pudiera entender.

Un día rabbi Preida fue invitado a asistir a una celebración de circuncisión mientras enseñaba a su discípulo, pero después de repetir cuatrocientas veces el mismo concepto, el discípulo seguía sin entender.

Le preguntó: "¿Cuál es el problema?"

El discípulo respondió que desde el momento en que el maestro había sido invitado a la celebración, no podía poner atención, pensando que en cualquier momento se iba a ir.

Así que rabbi Preida dijo: "Pon mucha atención, porque te lo voy a enseñar nuevamente cuatrocientas veces." De acuerdo a esto, repitió la misma enseñanza otras cuatrocientas veces.

Una voz divina se escuchó preguntando a rabbi Preida: "¿Qué prefieres, vivir otros cuatrocientos años, o que tú y tu generación completa en la que vives compartan el Mundo Venidero?"

Rabbi Preida respondió: "Aceptaré la segunda proposición."

Dijo el Uno Santo, bendito sea Él: "Se te darán ambas."

(TE, Capítulo V, Mishná I)

COMENTARIO

Es bastante molesto e incómodo repetir lo mismo a una persona varias veces. En el caso del Talmud, real o imaginario, el maestro repite la misma enseñanza ochocientas veces, hasta asegurarse de que su discípulo ha entendido perfectamente lo que se le ha explicado. Como resultado de este empeño, recibe un premio celestial.

Seamos más condescendientes con la gente a quien le enseñamos las verdades básicas de El Elión, de Aquel que es

Grande, porque los conceptos bíblicos son tan profundos, que una misma palabra la tenemos que repetir muchas veces para que deje de ser un eco, y que se transforme en un sonido creador en nuestro corazón.

No desmayemos pues, en la búsqueda del conocimiento, sino perseveremos una y otra vez en la lectura bíblica y en las enseñanzas de nuestros líderes, prosiguiendo en la fe que nos convierte en seguidores del Camino del Mashíaj Yeshúa.

GLOSARIO

Académico. El texto talmúdico emplea este término para designar únicamente a los estudiantes del Talmud.

Av. Mes lunar hebreo que dependiendo del ciclo de la luna equivale a julio o agosto.

Adar. Mes lunar hebreo que dependiendo del ciclo de la luna equivale a febrero o marzo.

Aggadá o Hagadá. Se traduce como narración.

Amora. Maestro del Talmud. Sinónimo de **Tana**. Se trataba de las personas que repetían las enseñanzas de los maestros talmudistas, pero que después se convierten en los cristalizadores de estas enseñanzas en lo que se conoce como Literatura Amoráica, que florece en los siglos III al VI AD.

B **Bar.** Significa hijo. Sinónimo de Ben.

Ben. Significa hijo. Sinónimo de **Bar**.

Beith Din. Cortes de Justicia. Se trataba de tribunales que juzgaban en materia judicial.

Beith HaMikdash. Literalmente Casa Sagrada. Así le llamaba al Templo de Jerusalén.

Boetusianos. Se trata de una familia sacerdotal descendientes de Boetus de Alejandría: su hijo Shimeón ben Boetus es hecho sumo sacerdote por Herodes el Grande.

Boraitha. También se escribe Boraita. Cúmulo de tradiciones tanaíticas que no están contenidas en la **Mishná**, sino que provienen de otras fuentes.

C **Caraites**. Grupo de estudiosos de las Escrituras que dependían únicamente de su interpretación literal.

Codo. El codo bíblico es equivalente al **Ell** rabínico. Corresponde a 45 cms.

Casa de Estudio. También conocida como **Yeshivá**, es el lugar donde se enseña judaísmo.

E **Ell.** Medida de distancia rabínica equivalente al largo del brazo de un hombre. También conocida como **Codo**. Corresponde a 45 cms.

Elul. Mes lunar hebreo que dependiendo del ciclo de la luna equivale a agosto o septiembre.

Exilarca. Se le llamaba así al sucesor de la línea genealógica davídica. Durante la 2da Guerra Mundial había personas que reclamaban ser descendientes sanguíneos de David en Europa.

G **Gehena** o Gueihinóm, que se traduce del hebreo como Infierno. En realidad era el basurero de Jerusalén, que se encontraba a las afueras de la ciudad, pero que se utilizaba como metáfora del juicio del Señor, porque era costumbre quemar la basura.

Guemará. Comentarios a la **Mishná**, realizados por el Amora.

Gueoním. Comentaristas del Talmud de los siglos VII al XI AD.

Gomer. Medida de volumen equivalente a 3.7 litros.

Habdalá. También se escribe Havdalah. Ceremonia que marca el fin del **Shabbath** y recibe la nueva semana. Dentro de la ceremonia se bendice el vino con una oración conocida como **Kiddush**.

Halajá o Halakhá. Se refiere al cúmulo de tradiciones orales que reinterpretaban la Toráh.

Hallel. Se trata de los Salmos 113 a 118 que son cantados durante la Pascua. Algunos opinan que comienzan desde el Salmo 112.

Helenos. Se dice de los Griegos, que tuvieron control sobre Israel del 323 AC al 330 AC.

Hin. Medida de volumen equivalente a 6.2 litros.

Jajám. Sabio.

Jamnia o Yavnia, es el lugar donde se reunieron los rabinos en el año 70 AD para cerrar el canon del Antiguo Testamento.

Jolobbus. Equivalente a .28 gramos de plata.

Jometz. Aunque la traducción literal es levadura, en realidad hace referencia a cualquier clase de harina que contenga levadura.

Jubileo. Bíblicamente, es el período de 49 años, al término de los cuales se condonaban las deudas y se realizaban otros actos de misericordia.

Kabh. Medida de área equivalente a 600 metros cuadrados.

Karath o Kareth, se trata de una amonestación moral, donde se deja a Dios el juicio sobre la persona. La maldición actuará sobre el individuo reduciendo su tiempo de vida sobre la tierra.

Kehilá. Se traduce como Congregación.

Kelayim. De acuerdo a Levítico 19:19, mezcla ilegal, fuera de semillas, de tipos de hilo, de animales, etc.

Ketubah. Acta matrimonial judía.

Kiddush. Oración que se dice sobre el vino durante el **Shabbath**.

Kur. Medida de área equivalente a 17 mil metros cuadrados.

L **Lulab.** Nombre dado a la rama de la palma que contiene su fruto. Se le agita durante la fiesta de Sukkót o fiesta de los Tabernáculos.

M **Meah.** Medida de peso equivalente a . 57 gramos de plata.

Menoráh. Lámpara de siete brazos que se encontraba dentro del Templo.

Midrash. Hace referencia al término hebreo que designa un método de exégesis de un texto bíblico. También puede referirse a una compilación de comentarios legales, exegéticos u homiléticos de la Biblia.

Miqvé. Lugar donde se practica el baño ritual.

Mishná. Cúmulo de instrucciones orales cristalizadas a principios de la era cristiana que tienen como propósito enseñar las tradiciones interpretativas orales de la Ley judía.

N **Nissán.** Primer mes del calendario lunar hebreo, que comienza su cuenta a partir de la salida del pueblo de Israel de Egipto. Equivale a marzo o abril.

O **Omer.** Gavilla de cebada que se presentaba como ofrenda en el segundo día de Pascua.

P **Palestina.** Término que comprende a la región de Israel. El nombre le fue dado en el año 70 AD por los romanos para desvincular a Israel de su territorio.

Parsah. En plural de Parsaóth. Medida de distancia equivalente a 4 kilómetros.

Pesaj. Es la fiesta de la Pascua, donde se celebra la salida de Israel de Egipto.

R **Rabbi.** Es la abreviación de rabino, título equivalente a maestro.

Rosh Hashaná. Año Nuevo judío, que se celebra entre septiembre y octubre.

S **Saah** o Seah. Medida de volumen equivalente a 15 litros.

Sague o Sage. Son los continuadores de la tradición de los sacerdotes bíblicos después de que el Templo de Herodes fue destruido en el año 70 AD.

Seol. Sinónimo de **Gehena**. Sinónimo del Infierno.

Sela. Medida de peso equivalente a 22.8 gramos de plata.

Shabbath. Día de descanso, que comienza el sexto día de la semana en la tarde y termina el séptimo día de la semana en la tarde.

Shavuót. Se conoce como fiesta de las Semanas, donde se dedicaban las primicias de la cosecha. En griego se le tradujo como Pentecostés.

Shebat. Mes lunar hebreo que dependiendo del ciclo de la luna equivale a enero o febrero.

Shekel. Medida de peso equivalente a 11 gramos de plata.

Shekalim. Literalmente se traduce como "pesos," aunque en el caso del Tratado de Shekalim, se refiere a la recolección del medio shekel anual que se utilizaba para la reparación del Templo.

Shejiná o Shekhiná. El término hace referencia a la epifanía divina, es decir, a una manifestación física de YHVH.

Shema. Oración que cita el texto bíblico de Deuteronomio 6:4-5, a saber: Oye, Israel: YHVH nuestro Señor, YHVH uno es. Y amarás a YHVH tu Señor de todo tu corazón, y con toda tu alma, y con todas tus fuerzas.

Span. Medida equivalente al ancho de una mano extendida.

Suf. Mar Suf es el lugar donde se separaron las aguas para que atravesaran en seco los israelitas.

Sukká. Se dice de los tabernáculos en los que habitó el pueblo de Israel en el desierto.

Sukkót. Conocida como fiesta de los Tabernáculos, conmemora el tiempo que el pueblo de Israel vivió en el desierto antes de entrar a la Tierra Prometida.

T

Tana. Maestro del Talmud. Sinónimo de Amora.

Tebeth. Mes lunar hebreo que dependiendo del ciclo de la luna equivale a diciembre o enero.

Tefilín. Se les conoce como Filacterias, son dos cubos cuadrangulares que contienen cada uno un pedazo de piel escrito con citas de la Toráh. Se utilizan con fines rituales.

Tishrei. Mes lunar judío que dependiendo del ciclo de la luna equivale a septiembre u octubre.

Toráh. En su sentido más estricto, está conformada por los libros del Génesis, Éxodo, Levítico, Números y Deuteronomio. Aunque normalmente se utiliza para designar todo el canon bíblico del Antiguo Testamento.

Tosafistas. Comentaristas del Talmud posteriores al siglo XII AD.

Y

Yeshivá. Casa de Estudio donde se enseña judaísmo.

Yom Kippur. Día del Arrepentimiento. Es una festividad anual donde se pide perdón por los pecados de todo el pueblo. En la actualidad se transfieren los pecados a una gallina.

Z

Zuz. Moneda antigua hebrea de plata. 4 zuz equivalían a un **Shekel** de plata.

BIBLIOGRAFÍA

Ayala Serrano, Lauro Eduardo.

(2007). *Los Nombres de Dios*. México: Editorial AMI.

(2010). *Tomo I: Tratado de Shabbath. La Sabiduría Rabínica a la Luz de las Enseñanzas de Yeshúa HaMashíaj, Yeshúa HaMashíaj el Cristo*. México: Editorial AMI.

(2011). *Tomo II: Tratado de Eruvin. La Sabiduría Rabínica a la Luz de las Enseñanzas de Yeshúa HaMashíaj, Yeshúa HaMashíaj el Cristo*. México: Editorial AMI.

(2012).

Enero. *Tomo III: Tratado de Pesajim. La Sabiduría Rabínica a la Luz de las Enseñanzas de Yeshúa HaMashíaj, Yeshúa HaMashíaj el Cristo*. México: Editorial AMI.

Agosto. *Tomo IV: Tratado de Yoma & Shekalim. La Sabiduría Rabínica a la Luz de las Enseñanzas de Yeshúa HaMashíaj, Yeshúa HaMashíaj el Cristo*. México: Editorial AMI.

(2013). *Tomo V: Tratado de Rosh HaShaná. La Sabiduría Rabínica a la Luz de las Enseñanzas de Yeshúa HaMashíaj, Yeshúa HaMashíaj el Cristo*. México: Editorial AMI.

(2014). *Siddur HaMaljut. Oraciones Diarias del Reino*. Editorial AMI.

Beckwith, R.T. **(1988)**. *Formation of the Hebrew Bible*. Assen, Philadelphia: Editorial MJ Malder.

Ben Avraham, Dan. **(2010)**. *El Código Real. Versión Hebraica del Nuevo Testamento. "Comentario Hebraico de Meir (Marcos)*. México: Editorial AMI.

Bronislaw, Malinowsky **(1957)**. *La Economia de un Sistema de Mercados en Mexico. Un Ensayo de Etnografia Contemporanea y Cambio Social en un Valle Mexicano*. México. Editado por la Escuela Nacional de Anropología e Historia.

Charlesworth, James. **(1983)**. *The Old Testament Pseudepigrapha. Volúmenes I y II.* USA: Editorial Doubleday.

Douglas, Mary. **(2003)**. *Purity and Danger. An Analysis of Concept of Pollution and Taboo.* New York: Editorial Routledge & Kegan Paul.

Durkheim, Èmile. **(2003)**. *Las Formas Elementales de la Vida Religiosa.* México. Alianza Editorial.

Eliade, Mircea.
(1964). *Shamanism: Archaich Techniques of Ecstasy.* London.
(1996). *Tratado de Historia de las Religiones.* México: Editorial Era.

Frazer, James. **(1994)**. *El Folklore en el Antiguo Testamento.* México: Editorial FCE.

Gontard, Friedrich. **(1961)**. *Historia de los Papas. Volúmenes I y II.* Argentina: Editorial Compañía General Fabril.

Harris, Marvin. **(1997)**. *Vacas, Cerdos, Guerras y Brujas. Los Enigmas de la Cultura.* Madrid: Alianza Editorial.

Hinn, Benny. **(1997)**. *Buenos Días Espíritu Santo.* USA: Editorial: Thomas Nelson Publishers.

Maier, Christl M. **(2008)**. *Jeremiah as Teacher of Toráh en Interpretation (Richmond, Va.) 62 no1 22-32 Ja.*

Malinowsky, Bronislaw. **(2002)**. *Argonauts of the Western Pacific. An Account of Native Enteprise and Adventure in the Archipielagoes of Melanesian New Guinea.* UK. Editorial: Routledge.

Martínez, Franciso. **(2008)**. *Si se Humillare mi Pueblo e Invocare mi Nombre. El Nombre Memorial, Evidencias y Conclusiones.* USA: Editado por la Comunidad Judía Nazarena Derej ha Shem.

Morin, Edgar. **(2006)**. *El Método 6.* Ética. Madrid: Editorial Cátedra Teorema.

Reina Valera 1960. (1998). USA: Editorial Sociedades Bíblicas Unidas.

Petuchowsky, Jakob. (**2003**). *El Gran Libro de la Sabiduría Rabínica.* España: Editorial Sal Térrea.

Evans-Pritchard, Edward. (**1969**). *The Nuer. A description of the modes of livelihood and political institutions of a Nilotic people.* New York. Editorial Oxford University Press.

Rodkinson, Michael L., (**2011**). The *Babylonian Talmud* en: http://www.sacred-texts.com/jud/talmud.htm

Santos, Aurelio de. (**2003**). *Los Evangelios Apócrifos.* Madrid: Editorial Biblioteca de Autores Cristianos.

Stone, Michael E., (**1984**). *Jewish Writings of the Second Temple Period.* Philadelphia: Fortress Press.

Wagner, Roy. (**1972**). *Habu, the Innovation of Meaning in Daribi Religion.* USA: The University of Chicago Press.

OTROS TITULOS DEL
AUTOR

Los Nombres de Dios es una compilación de más de mil Nombres Sagrados del Señor que aparecen en la Biblia, desde Génesis hasta Apocalipsis.

Su traducción más correcta del hebreo al español y su transliteración adaptada para un público de habla hispana.

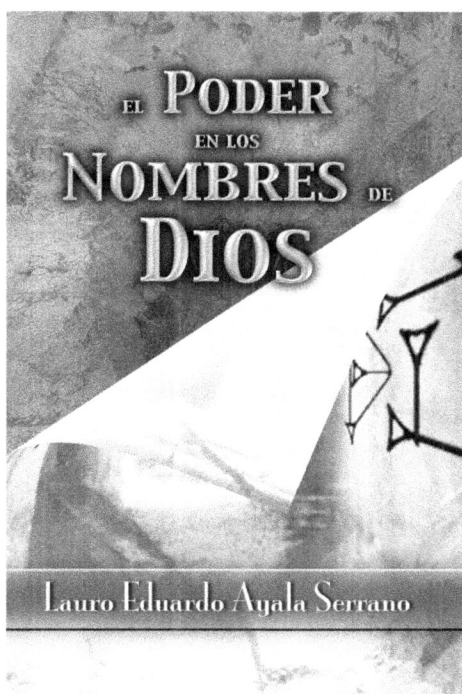

El Poder en los Nombres de Dios es una obra corregida y aumentada que nos llevará Nombre por Nombre y Atributo por Atributo para utilizar de manera concreta y práctica más de setecientos Nombres del Eterno.

La serie de libros acerca del Talmud muestran interpretaciones rabínicas de tiempos del Mashíaj, todas explicadas para entender con una mayor profundidad los textos del Nuevo Testamento.

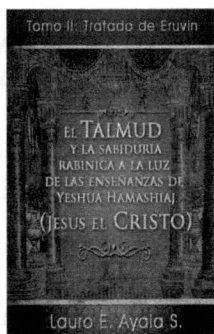

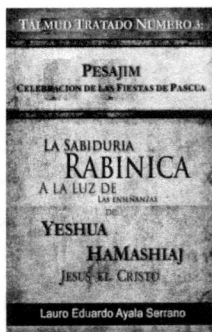

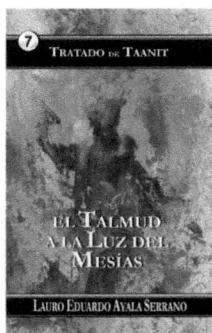

INTERPRETACIONES BIBLICAS
SEFARADIES

LAURO EDUARDO AYALA SERRANO

Las Interpretaciones Bíblicas Sefaradíes son las interpretaciones de los rabinos que habitaron España entre los siglos XII al XVI, explicadas en el contexto del Nuevo Testamento.

Se trata de una literatura única en su género que busca vincular al hombre con el Eterno.

El Siddur del Reino es un libro que retoma las oraciones diarias del judaísmo, pero introduciendo textos del Nuevo Testamento.

De este modo, tenemos un libro para poder realizar un devocional diario y mejorar nuestra relación con el Eterno.

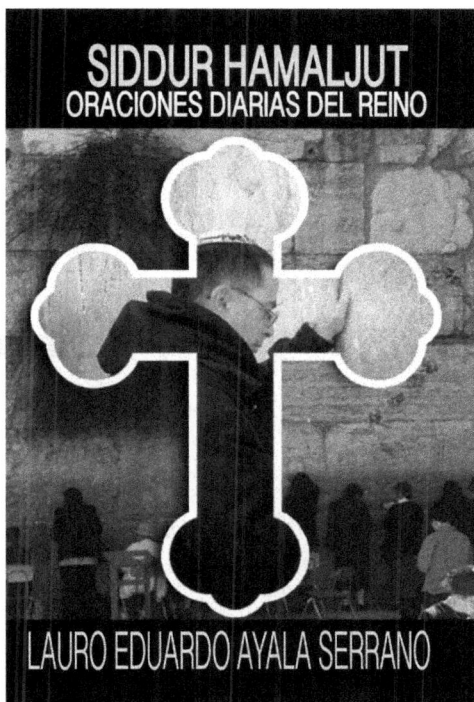

SIDDUR HAMALJUT
ORACIONES DIARIAS DEL REINO

LAURO EDUARDO AYALA SERRANO

La Biblia Diacrónica con Hebraísmos es una reinterpretación, reinvención y desestructuración del texto bíblico. Es un intento por ordenar las historias de manera cronológica e histórica, por una parte, y de resaltar los términos hebreos mediante los cuales se puede profundizar más el texto bíblico.

Se trata de una Biblia de estudio que cambiará nuestra postura clásica para entender la diégesis bíblica.

LA **BIBLIA DIACRÓNICA** CON **HEBRAÍSMOS I**

LAURO EDUARDO AYALA SERRANO